岳阳，从三国走来

李连芳
刘传勇
刘燕林

著

吉林文史出版社

图书在版编目(CIP)数据

岳阳，从三国走来 / 李连芳，刘传勇，刘燕林著.
-- 长春：吉林文史出版社，2021.8
ISBN 978-7-5472-7934-2

Ⅰ.①岳… Ⅱ.①李… ②刘… ③刘… Ⅲ.①文化史
-岳阳 Ⅳ.①K296.43

中国版本图书馆 CIP 数据核字(2021)第 161037 号

岳阳，从三国走来

YUEYANG CONG SANGUO ZOULAI

著者/李连芳　刘传勇　刘燕林

责任编辑/钟杉　王新

封面设计/力扬文化

印装/成都兴怡包装装潢有限公司

开本/880mm×1230mm　1/32

字数/170 千字

印张/7

版次/2021 年 8 月第 1 版　2021 年 8 月第 1 次印刷

出版发行/吉林文史出版社（长春市净月区福祉大路 5788 号　龙腾国际大厦 A 座）

www.jlws.com.cn

书号/ISBN 978-7-5472-7934-2

定价/56.00 元

序

任国瑞

　　岳阳历史文化源远流长且博大丰赡，岳阳市党政机关对历史文化研究历来非常重视且举措多多，岳阳地域文化学者阵容强大且硕果累累。但在美轮美奂的历史文化长卷中，岳阳历史文化的主体（或曰主轴）是什么？却一直不明确。这一直是令人很遗憾的事情。职位有主副，处事有主次，绘画有层次，这是基本常识。挖掘、研究和呈现地域历史文化，也必须明确其主体定位。

　　我认为岳阳历史文化的主体是三国文化。如三国的古迹最多。①岳阳楼是三国文化的支撑点，它始建于东汉建安二十年（215年），系东吴横江将军鲁肃为训练水军而建的阅军楼。②周瑜墓，在金鹗山下金鹗村张家汉花坟坡。虽然在苏州、镇江、南昌、芜湖、南陵、舒城、宿松和庐江等处也有周瑜墓，但他卒于岳阳，应葬于岳阳，在狼烟四起的当时不可能扶柩千余里葬于出生地安徽庐江。并清代有文献载有周瑜墓联："大帝君臣同骨肉；小乔夫婿是英雄。"③小乔墓，在今岳阳楼公园内。④鲁肃墓，在今岳阳3517工厂内。

如市区三国地名可证。①巴丘邸阁，为孙吴八大邸阁之一，在今3517工厂与今岳阳楼一带。②巴丘大屯戍，在今岳阳市天岳山一带。③周瑜军府后花园，在今岳阳市一中内。④剪刀池，在今岳阳市岳阳楼区岳阳楼街道剪刀池社区。⑤点将台，在今岳阳楼城西门下。⑥鲁肃将军庙，在岳阳北门外。⑦六贤祠，原址在城北月城上。⑧华容道，当时曹公渡至华容东山再至江陵的线路，位于今君山区与华容县。⑨巴丘三江口，赤壁之战初战地，在今岳阳。⑩黄盖湖，临湘坦渡，原名太平湖，黄盖屯水军处。还有鸭栏矶，三国时东吴建昌侯孙虑筑斗鸭栏，在今临湘市。还有小乔坳、吴王庙、曹公洲、曹公渡、磨刀村（关羽磨刀处）、金门刘备城、幕阜山（平江东北大山，孙吴建昌都尉太史慈为拒刘表从子刘磐设营幕于此山之阜，后因名之为幕阜山）、程普营，等等。

如三国与岳阳有关的人物众多。守巴丘有9位大将，即周瑜、孙松、鲁肃、吕蒙、孙虑、陶延寿、陆逊、陆凯、万彧等。因赤壁之战来到岳阳的人物还有曹操、刘备、关羽、张飞、诸葛亮、黄盖、庞统、蒋干等。

如在岳阳发生的三国时的大事更是不少。①赤壁之战，岳阳是其初战的主战场，本书有大量的考证，且能令人信服。②曹操登君山赋诗（见《乐府诗集》卷二六《气出唱》三首之一）。③曹操败走华容道。④鲁肃训练水军，镇守巴丘，百步会关羽，怒斩牛百万，等等。⑤周瑜巴丘大点将。⑥周瑜暴卒岳阳芦花洲。⑦陆逊鸭栏谏孙虑。⑧黄盖与庞统诈降曹操。⑨小乔抚孤守夫君墓并终老岳阳，等等。从宋代范仲淹《岳阳楼记》中提炼出的"先忧后乐"的岳阳精神，渊源悠长，但在三国孙吴大元帅周瑜的临终遗言中已明确提出了"先虑未然，然后康乐"的思想观点。千古《岳阳楼记》，亦可谓为三国文化之传承。

岳阳的历史文化挖掘、研究和呈现的重点应当是三国文化。岳阳地情研究专家潘平先生等人原想发起成立一个岳阳市周瑜文化研究会，征询我的意见，我则建议他们不如成立一个岳阳市三国文化研究会，就是基于上述考量。

前数月，岳阳的李连芳、刘传勇先生和刘燕林女士等三位专家将合著的《岳阳，从三国走来》一书书稿交给我，并诚请为之作序。我读罢全书非常激动，就选题而言，我觉得这是对岳阳历史文化主体三国文化研究的第一本书，它对于岳阳市历史文化挖掘、整理、研究和开发利用，对于贯彻落实2017年中央两办《关于全面实施中华优秀传统文化传承发展工程的意见》具有历史性贡献和积极的现实意义，是岳阳历史文化研究的一份迟来的爱。

这本书共分四个部分，曰地理：万古巴丘戍；曰人物：巴丘三国人物录；曰再议：巴丘，三国交战锋面；曰传承：岳阳，忧乐思想策源地。全书十多万字，图文并茂。初读感觉比较零乱，再读则觉得全书主题鲜明，每一部分虽然细目众多，却都能抓住关键，抓住重点，抓住亮点。它让人感动的有四点：

一曰挖掘较深，资料宏富。资料是研究的基础。本书作者为了还原岳阳三国文化的面貌，耗时逾十年，图书馆抄阅半中国，在大量权威文献的基础上，结合出土文物、地名资料、民间文化等资料，进行了艰苦卓绝的搜集、甄别、整理和系统研究，既有重要的存史价值，也为研究和编纂提供了保障。

二曰形散而神不散，是条目体编纂的成功范例。本书是一本学术著作，但它却采用条目体的形式进行编写，是学术与地情书写作的一种创新。浏览时令人眼花缭乱，似乎结构松散，但认真读来却发现它每一个子目都像一篇篇精罕的考证文章。全书设三个层次，层层相辖，归属得当，结构谨严。可谓形散而神不散，是一本条目体形式学术著作的成功范例。

三曰考证精严，无一事无来处。书中有大量的新观点和新论断，但每一个观点和论断的提出与阐述都有出处和依据。看标题可能会颠覆你的认知，但读下来当你见到那些来自史籍、方志、文物和其他科学文献与数据时，你又不得不叹服作者的学术态度、系统意识和逻辑精神。所谓尊重历史和唯物辩证法，在这里得到了较好的诠释。

四曰使命意识，促其迎难而上，锲而不舍。完成这样一个研究项目，写作这样一本书，工程堪称巨大。且资料奇缺，需要大量搜集与整理，经费全无，需要自己掏腰包，时间紧迫，两位作者是退休干部，尤其是李连芳先生乃奔九之年，毕生所学并非文史，而都希望在有生之年尽快完成这一课题专著的公开出版，他们这种迎难而上锲而不舍的努力，如果没有顽强的使命意识和爱岳阳爱祖国的精神是绝难做到的。

总体来说，它是一本研究岳阳三国文化的工具书；它是一项传承发展岳阳优秀传统文化的核心成果；它是一本不可多得的地情乡土教材；它是一个规划、开发、利用岳阳地方旅游文化的重要依据。我并不专门研究岳阳的三国文化，我反而从这本书中学到了许多。三位专家辛苦了，我代表读者谢谢你们！

2021 年 3 月于长沙恕德斋

（任国瑞，国务院首批全国国学文化专业人才考评专家委员会委员，中国国学研究院孝文化研究院院长，中国孝文化学会会长，湖南炎黄文化研究会会长，研究员，教授。）

前　言

一部纷纷扰扰的三国史，无论如何都绕不开岳阳。

所谓"三国"，通常是指汉献帝初平元年（190 年）至晋太康元年（280 年）共九十年这段历史。并不专指魏、蜀、吴三国相继建立至晋立之时。

易中天在《品三国》这样说：如果以公元 220 年曹丕称帝、221 年刘备称帝、222 年孙权称王这三个时间讲"三国"的话，那曹操、周瑜、鲁肃等人就都出不了场，什么赤壁之战等就没有了。自古就没这么讲"三国"的。

三国时期的岳阳，称为巴丘。位于长江以南，洞庭湖之滨的巴丘，是三国交战之锋面。曹、孙、刘三方势力在巴丘这片丰饶的大地上留下太多遗存。

岳阳城内的鲁肃墓、小乔墓、周瑜墓、雷轰山，还有吴王庙、鲁将军庙、磨刀村、斗篷山、鲁肃山、曹公洲、曹公渡、倒马崖、杀猪港、关王桥、华容道……这些地名，默默诉说着昔日巴丘三国文化的璀璨。

岳阳楼下西门点将台遗址更是告诉后人，1800 多年前，三国艨艟、斗舰和飞云大船，由周瑜、孙松、鲁肃、吕蒙等孙吴九大将指挥，在巴丘湖上冲破万顷波涛训练水师之景，是怎样的气派和雄浑。

拨开历史的烟雾，呈现在我们眼前的是这样的画面：凝重、星光熹微之时，周瑜全副戎装，告别娇妻老母小儿幼女，将那大刀向前方夜空有力地一指，厉声呼喝："起锚!"只见那飘着"吴"字、"周"字月牙旗的飞云大船，满载着孙吴大军龙飞般向"西征"航道上疾驶……

周瑜夫妇在岳阳共同生活十二年，夫唱妇随。周都督在君山柳林芦花洲暴病，由护卫护送返巴丘周瑜都督府救治的日日夜夜，娇妻贴身照顾。生离死别之际，周瑜留下75字遗书。"先虑未然，然后康乐"，穿透千年时光，依然闪耀着思想光芒。

岳阳先人没忘记周瑜，尊其为六贤祠之首，名宦榜之先。

三国头面人物曾纷纷在巴丘亮相。

张方先生说得好，如果说那些关于岳阳楼的诗词歌赋代表了岳阳的精魂与灵气，那么这些关于三国的遗迹与故事，则代表了岳阳的底蕴与根基。

从孟轲的"生于忧患，死于安乐"，到李白"节士悲秋泪如雨"，到杜甫"穷年忧黎元"，再到范仲淹"先天下之忧而忧，后天下之乐而乐"，中国历代文人从来就不缺乏忧患意识和悲悯情怀。

岳阳，是中华忧乐思想的策源地。

岳阳，从三国走来!

目　录

第三章　巴丘，三国交战锋面

第一章 万古巴丘戍

岳阳市位于湖南省东北部，北临长江，西扼洞庭湖。地势东高西低，幕阜山、连云山为地域东部屏障，新墙河、汨罗江自东向西横流其上。作为水陆要冲，岳阳自古为兵家必争之地。"诸帆千里会，三国一江分"，清代思想家魏源这句诗高度概括了岳阳的重要区位优势。

巴丘邸阁和巴丘大屯戍

岳阳古称巴丘、巴陵、岳州。其中，巴丘，充满传奇色彩，美名传数千载。

岳阳城洞庭湖边巴陵广场，有一座后羿挽巨弓猛斩巴蛇的雕像，后羿斩巴蛇只是远古传说，按此传说，岳阳称"巴丘"时长达数千年之久。

当然，传说不能做史实。

史料记载：公元前221年，秦始皇废除分封制，改罗子国为罗县。公元前 202 年设下隽县，下隽县包括今天岳阳市岳阳楼区、岳阳县、临湘市和湖北崇阳、通城等地，隶属长沙郡。这是岳阳境内有县之始。但那时没有"岳阳"这个称谓。

"巴丘"这个称谓，始见于公元前 202 年。此时，刘邦做了大汉皇帝，立汉五年，刘邦承袭秦始皇郡县制，将下隽县的县治设在湖北崇阳。下隽县包括"巴丘"。这个"巴丘"，陈健梅在《孙吴政区地理研究》指出，巴丘包含今岳阳楼区、君山区、岳阳县北部。

巴丘，地名也，非一级行政治所。到了三国龙争虎斗之时，巴丘成了孙吴重要军事要塞。也是北方曹操、西边刘备虎视眈眈之地。

到 280 年 2 月后，巴丘才称巴陵，并立巴陵县，治所在巴丘城，后为巴陵城。自前 202 年至 280 年，巴丘只作地名，非一级独立行政治所，时长达 482 年之久。

著名历史人物在巴丘活动，重大历史事件在巴丘发生，使巴丘声名鹊起，载入史册。

巴丘第一次出现军事要塞的记录，是在 42 年，东汉伏波将军马援、楼船将军段志率部南征交趾，取道湘江，途经汨罗，以巴丘为"要扼之地""置戍以镇之"。

巴丘第一次出现"邸阁"，在 49 年。马援率四万人征讨武陵蛮，屯军下隽，首筑"巴丘邸阁"。

据不完全统计，正史《三国志》"巴丘"名录入史册多达 10 次之多；而录入沿湖方志更多。

《三国志·武帝纪一》载："公自江陵征备至巴丘。"《宗预传》载："及亮卒，吴虑魏取蜀，增兵巴丘守兵万人。"

《巴陵县志》《岳州府志》记："湘湖长为吴有，巴丘实为重镇，周瑜、鲁肃、吕蒙、万彧永据为战守地矣。""三国巴丘城"，并再三言明，既做邸阁城以屯粮，巴丘城以屯兵。（见图1、图2）

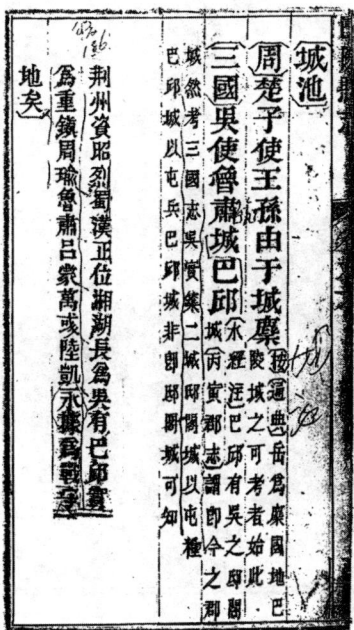

图1　　　　　　图2

《巴陵县志》曰："邸阁城以屯粮，巴丘城以屯兵。""巴丘大屯戍"。

巴丘古城由"巴丘邸阁"和"巴丘大屯戍"两大硬件组成，前者分布于3517工厂、岳阳楼一带，后者集中于天

岳山一带。城市面积约 1 平方公里，包括岳阳楼西面沉崩
入湖部分。

208 年，周瑜以巴丘为后援，屯军储粮。孙吴有八大邸
阁，"巴丘邸阁"是其一，每邸阁屯粮食可供十万人食用数
十天之久。

1996 年 9 月，长沙走马楼出土吴简 17 万件。

长沙走马楼吴简完善了《辞海》对邸阁的解释。

（邸阁见图 3）

湖北鄂州三国墓出土。（湖北鄂州博物馆藏）青瓷仓院（邸阁）
——高 31.8 厘米，宽 57.5 厘米，深 71.8 厘米。

图3

所谓邸阁指"征集、收藏、运转物资场所"。足见邸阁
具备军事后勤供应全方位功能。邸阁形制已有鄂州出土器
件，庭院式下门上楼，极利通风防湿，飞檐造型别致美观。
吴简还记载了对邸阁管理的详尽事项。主管称左、右郎，
对贪污物资者有严厉的处罚。

　　吴简还明确了邸阁与大屯戍是两回事。邸阁、大屯戍，二者功能存在本质区别。前者屯粮物、征、藏、运，后者屯兵。

　　长沙走马楼出土吴简表明：孙吴有八大邸阁，它们是：

　　巨桥邸阁　　巴丘邸阁　　安城邸阁　　雄父邸阁

　　桔门邸阁　　郸城邸阁　　寿城邸阁　　州中邸阁

附录：

巴陵方言与巴丘地名来历
朱培高

巴丘、巴陵地名由来，历来有四说，即：神话传说、巴子国陵墓说、刘巴墓说、山势说。其实还应当有一说：方言说。

前四说中，对巴子国陵墓说和刘巴墓说否定者甚多，唯神话传说与山势说为世所公认，而方言说却尚未有人提出过。

近年来有研究者质疑神话传说，只认同山势说，又认为"山势"用词不够准确，应改为"山形地貌"，并说："巴丘，也是因其山形似大蛇而得名。"认为这才是巴丘、巴陵地名的真正由来。笔者却以为不然。

主张"巴丘因其山形似大蛇而得名"者的理由，主要是援引了汉许慎《说文解字》中关于"巴"的解释。该书的诠释是："巴，虫也，或曰食象蛇，象形。"笔者认为，以此作为"巴"的文字训诂，并没有错。但许慎《说文解字》是以中原音韵为基础著述而成的，其中许多音、义不一定适用当时王化之外的地区。

岳阳及其周边地区，绝没有以"巴"为"大"、以"巴"为"虫"、以"巴"为"蛇"或"大蟒蛇"的说法。从方言的角度看，岳阳及其周边地区对"巴"的解释是

"粘连""附着"的意思。湖区有"巴垸""巴围"之名，意思是附着于大堤垸的小堤垸；农家用具有"巴篓""巴撮"之目，意思是背负于人身的容器；至今博彩娱乐项目还有叫"巴锅"的。

今观岳阳城区地理形势，三面环水，一面连陆。自北而西而南再转东，依次是芭蕉湖、吉家湖、东风湖、洞庭湖入江过道、洞庭湖水面、南湖、北港。岳阳城区实际就是巴粘于陆岸的一串山丘。这一形势在洞庭湖水域浩大时期尤其明朗。

我们再反过来看，岳阳城区虽然有山，但多是低矮山丘，相比东面的幕阜山、连云山，西面的桃花山、天井山，没有连绵起伏、势若腾龙的气势，应该难于与蛇，特别是大蟒蛇的形象挂起钩来。因此，笔者认为巴丘是"巴粘于陆岸的丘山"，这才是巴丘地名的真正由来。

笔者上述观点，并不否认神话传说对于巴丘、巴陵地名来历的影响和作用。自南北朝开始或者更早些时候，正统文人们按照许慎《说文解字》中关于"巴"是大蛇的解释，把"巴蛇吞象"和"羿射巴蛇"的神话附会到巴丘地区，使巴丘地名更加活色生香、富有诗意。唐张说《巴丘春作》中的"湖阴窥魍魉，丘势辨巴蛇"，虽然开"山势"说之先，却是"羿射巴蛇"神话在巴丘流传之后，融山势与神话两说而形成的。

笔者以为，神话传说对于巴丘地名的形成、稳定和辐射，具有极其重要的作用。"羿射巴蛇"神话的深刻内涵，与岳阳地区的民情风俗乃至中华民族的奋斗精神紧密相融，折射出中华民族精神和岳阳地域文明的积极因素。后羿为民除害的勇武精神与屈原的求索精神，鲁肃的勤政精神，周瑜、范仲淹的忧乐精神，同是凝聚形成岳阳精神的源头之一。所以，有识之士在巴陵大道临湖处开辟巴陵广场，设置"羿射巴蛇"塑像，使之成为岳阳的标志性建筑，实在是一种睿智之举。

（朱培高，北京大学中文系毕业生，中华诗词学会理事，岳阳市辞赋学会会长。曾任岳阳市政府副秘书长、岳阳市档案局局长，著有《中国文学流派史》《天下岳阳》等。）

与三国有关的地名

岳阳城内外，抬眼可见巴丘三国文化古迹，首先是赫然蹲在城里已 1800 多年的周瑜墓、二乔墓、鲁肃墓，还有闪光耀眼的岳阳楼。

巴丘城内外三国文化遗迹遍布，其名录是：

周瑜墓：原位于南湖宾馆附近张家汉花坟坡，今重建于金鹗山公园内。

小乔墓：原位于市一中北围墙外、3517 工厂内剪刀池旁。原为二乔墓。今迁址于岳阳楼公园内，更名为小乔墓。

二乔墓：在岳阳楼东北，大乔为孙策之妻，小乔为周瑜之妻。姊妹情殷，生不同夫，死则同穴，亦奇事也。墓地围有短墙，墙内花木相簇，墓旁冬青环绕，永不凋谢。其中一株较大之女贞树尤为茂盛，深为游人赞叹。

鲁肃坟：位于岳阳楼之东南面，3517工厂内。20世纪30年代，时任岳阳县长周仲衡记：周围约数十顷之广，高低不平，经余开辟为中山公园，低者崛为池塘，内种莲花。高地遍植桃李松柏之属，红绿相间，备极美观。

巴丘邸阁城：位于3517工厂、岳阳楼一带。（早毁）

巴丘大屯戍：天岳山一带。（早毁）

周瑜军府后花园：市一中内。（早毁）

点将台（又称阅军楼）：岳阳楼城西门下。

岳阳楼：岳阳楼的前身是阅军楼。是巴丘三国文化的图腾。

鲁将军庙。（早毁）

吴王庙。（早毁）

六贤祠：北门月城上。（早毁）

雷轰山：孙权祖葬地，岳阳楼区境内，现在地名写成雷峰山。

西瓜山：县北四里。今七里山大堤西端。相传孙权先祖孙钟种瓜地。

关王桥：位于岳阳县步仙镇。

三国战马坪：位于岳阳经济技术开发区康王乡。

小乔坳：小乔往城郊祭庙留宿地。位于岳阳经济技术开发区康王乡。

斗篷山：小乔往城郊祭庙途经地。位于岳阳经济技术开发区康王乡。

曹公洲：君山后湖，赤壁之战前曹操靠船及战败烧船处。

曹公渡：濠河西北，岳阳华容道起点。

刘备城：金门刘备城，君山区，蜀吴划湘水为界后，蜀方所筑。

周瑜暴病处：君山柳林镇芦花洲，西征伐蜀由巴丘启行后。

华容道：曹公渡至华容东山至江陵的线路。位于君山区、华容县。

赤壁之战初战地：巴丘三江口。

磨刀村：关公磨刀处。岳阳楼区郭镇乡境内。

陆城：指云溪区陆城镇。陆逊镇守所在地，后人因之更名为陆城。陆城镇位于岳阳市云溪区北部，长江南岸。

莼湖：陆城内，陆逊训练水军处。

岳阳城区之外有：

黄盖湖：赤壁上游九公里处，位于临湘市与赤壁市之间。原名太平湖，黄盖屯水军处。赤壁战后，孙权论功行赏，将原来黄盖练兵出战的大湖太平湖赏给了黄盖，赐名叫黄盖湖。

鸭栏矶：临湘三国东吴建昌侯孙虑在此筑斗鸭栏，设置精良，后为大将军陆逊谏止曰："君侯宜勤览经典以自新益，用此何为？"虑即时毁彻之。（《三国志·陆逊传》）

灯窝山：周瑜赤壁之战驻军处（实为赤壁之战指挥中心），太平湖上游河岸丘陵中。位于临湘市坦渡乡。

鲁肃山：位于平江县城，汨罗江南岸，百花台西路北侧。

金铺观：平江，汉昌郡址。210年，吴国将长沙郡北部的下隽县、罗县以及汉昌县一带，设置汉昌郡，郡治在汉昌金铺观，孙权拜鲁肃为偏将军，担任汉昌郡太守，同时镇巴丘。

太平村：平江县大洲乡，三国时期的太平城。

汨水湾：鲁肃训练水军地。

幕阜山：平江之东，吴国建昌都尉太史慈为拒刘表从子刘磐，设营幕于今天幕阜山之阜，后称此山为幕阜山。

倒马崖：华容东山镇华容道出口曹操倒马处。

杀猪港：华容县桃花山寨子岭张飞慰军杀猪处。

斩龙石：华容县桃花山关羽挥刀斩龙处。

咏唱巴丘的诗词联

初读岳阳诗文，好像咏唱岳阳山、水、楼以"巴陵"多。但细细寻觅，历代咏唱"巴丘"者亦众，气势非凡。自唐代以来历代诗联家们心目中的"巴丘"名、"巴丘城"及"巴丘三国文化"，不但是那样的神圣和弥足珍贵，且深深久远地刻在他们的脑海之中，而跃然在他们的笔下。

至鸭栏登白马矶访裴侍御

李白（唐代）

侧叠万古石，横为白马矶。
乱流若电转，举棹扬珠辉。
临驿卷缇幕，升常接绣衣。
情亲不避马，为我解霜威。

岳阳馆中望洞庭湖

刘长卿（唐代）

万古巴丘戍，平湖此望长。
问人何淼淼，愁暮更苍苍。
叠波浮元气，中流没太阳。
孤舟有归客，早晚达潇湘。

巴丘书事

陈与义（北宋末南宋初）

三分书里识巴丘，临老避胡初一游。
晚木声酣洞庭野，晴天影抱岳阳楼。
四年风露侵游子，十月江湖吐乱洲。
未必上流须鲁肃，腐儒空白九分头。

登岳阳楼写怀
许有壬（元代）

半空轮奂壮巴丘，消得骚人一系舟。
云气远携湘雨至，湖光寒入蜀川流。
江山信美非吾士，天地无穷有此楼。
三十四年如梦过，可怜黄发赋重游。

由鸭栏至巴丘登岳阳楼
曹学佺（明代）

欲问巴陵冢，先过斗鸭栏。
山名天岳固，湖取洞庭宽。
郡邑如沙聚，帆樯如树攒。
平生怀旷达，今日遂游观。

洞庭秋三十首之二十三
王夫之（清代）

浮槎无系巴丘城，缥缈之楼空若惊。
微霜覆蓑失残梦，远火照帆悲他情。
乘乘宇内既清澈，脉脉空际或经营。
小港于此言优乐，胸中无故横甲兵。

巴 丘
王柏心 （清代）

东下长江绕鄂州，扼吭形势倚巴丘。
早令鹰隼腾秋气，急遣熊罴镇上游。
设伏奇兵先据险，乘风飞炬利燔舟。
当关但得王僧辩，逆景虽来百不忧。

岳 州
王士禛 （清代）

三分重镇说巴丘，地控荆襄据上游。
千载兵争余战垒，重湖形胜聚城楼。
江山清助诗人笔，风浪危停过客舟。
乘兴我来无一事，玉笙吹彻洞庭秋。

楹 联
李祖发 （当代）

千年楼阁壮巴丘，有范先生作记。
万米虹桥惊世界，喜江主席题名。

附录 1：

岳阳的周瑜墓是真的吗？
陈湘沅

　　笔者到文物部门不久，便听说岳阳有周瑜墓。后来得到清代名胜楹联所辑"岳阳周瑜墓联"两副："大帝君臣同骨肉；小乔夫婿是英雄。""顾曲有闲情，不碍破曹真事业；饮醇原雅量，偏嫌生亮并英雄。"1995 年夏天，笔者冒着炎炎烈日去南湖岸边、金鹗山下调查了三天，先后走访了七位古稀老人和省人大代表、农科队队长徐明星。周瑜墓确实就在金鹗村张家汉花坟坡，但它是否是真墓？

　　花坟坡又名发坡，是金鹗山麓伸向南湖的一个小山嘴，东距巴陵石化公司、西距岳阳南湖渔场均约 400 米，墓由四柱三开间高约 4.5 米的石碑坊及石桌、石墩、拜台、墓碑、墓冢与栏板式墓围组成，石料为精选花岗石和青石，占地 600 多平方米。1958 年以前，除牌坊坍塌外，余皆完好。

　　1958 年修梁家汉水库，将高约 2.5 米，宽 1.5 米，上刻"水军都督周瑜之墓"八个隶书大字的墓碑挖出，凿了几个眼，做了水库排水的"笛子管眼"，现仍深埋水库南端堤的内侧。

　　此后，修塘坝、筑粪池、垫猪圈陆续拆了一些石料。1975 年修机埠则将石料全部拆完。

1992年，南湖开发区建村民住宅基地，便把残存的高约1米、直径3米多的墓冢夷平，岳阳周瑜墓彻底摧毁了！据当时在场的徐队长讲，墓被推土机荡平时，没有发现什么随葬器物，只有一些长38厘米、宽20厘米、厚6厘米，四边有水波浪花纹的墓砖，现在都填入了西南边的驳岸内侧，深埋地下。徐队长描述的这种墓砖与我市出土的魏晋南北朝时期的墓砖大小、花纹、颜色完全相同。

后来，笔者到了墓地遗址附近的徐家塘，在塘塍上发现4根栏柱呈一字形横铺做垫脚石，用手往水下一摸，下面成三层梯坎铺叠，共计12根，每根高1.6米，20厘米见方，上部雕塑15厘米高的莲花柱顶，均为花岗岩石质。再摸水下还有4块雕花栏板做跳板，每块80厘米见方，厚6厘米，青石质，上浮雕鹿、凤、花、鸟，有的左下方还刻有"周瑜"二字。这些石柱原有160多根，石板有80多块，在墓冢外绕成个大圈形成墓围。

通过实地调查证实岳阳的确有周瑜墓，但是，孰真孰假还是颇费斟酌。

《三国志·周瑜传》载：周瑜自赤壁大战胜利后，镇守江陵，以巴丘为大屯戍。建安十五年（210年）周瑜奔至京口（今江苏镇江）与孙权计议，欲抢在刘备之前夺取西川（今四川一带），再取襄阳，北击曹操，以图消灭曹、刘，一统天下，孙权欣然允诺。周瑜在回江陵任所途中，先到巴丘备办粮草行装，忽染暴病而亡，"年三十六，权素服举哀，感恸左右。丧当还吴，又迎之芜湖"。

《庐江县志》《舒州府志》及《安徽省志》均载：周瑜墓在他的家乡安徽庐江县东门外作坊河西岸，占地一亩半。明正统七年（1442年），提学御史彭勖命知县黄金兰立了"吴名将周公瑾之墓"碑。从这些史料看，周瑜似已归葬故里。

岳阳周瑜墓始建何时？不得而知，因为岳阳历代府州县志均无记载。重建年月又因墓碑深埋梁家汉水库，无法考察。

但有几点值得思考的问题。

一、周瑜的确病逝于岳阳巴丘。《三国志》载："瑜还江陵，为行装而道于巴丘，病卒，年三十六。"

二、《三国志》载："权拜瑜偏将军，领南郡太守，以下隽、汉昌、浏阳、州陵为奉邑。屯据江陵。"周瑜的奉邑四县下隽（今岳阳、蒲圻、通城一带）、汉昌（今平江）、州陵（今湖北监利以东）、浏阳均在岳阳及其近侧。

三、《水经注》载："巴陵故城，本吴之巴丘邸阁也。"即吴国进军刘备的后援基地"大屯戍"，周瑜经常往来于此，故他逝于巴丘是完全可信的。

四、岳阳有小乔墓。明代弘治、隆庆《岳州府志》均载："二乔墓，在广丰仓内。"相传广丰仓一带是周瑜驻岳军府旧址；郊区北港乡一座山上还有周瑜母亲的墓，似可说明周瑜曾居岳阳有较长的时间。后来孙权又授其二子周胤"兵千人，屯公安"，亦在岳阳近侧。

五、清同治九年（1870年），滇南麻崇煊述，渊德堂刊刻的《云程万里》在岳州府图上绘有"周公瑾墓"，说明岳阳周瑜墓的重修最迟在同治九年以前。

六、《大明一统志》载："五贤祠在县城北门月城上，祀三国吴周瑜、鲁肃，唐张说，宋滕子京，明陶宗孔。"岳阳有祠祭祀周瑜。

七、从建筑规模看，周瑜墓不亚于今日重修的鲁肃墓，而且石料更精，镌刻工艺更细，耗资当在万两纹银以上。若是官修，府县志书应有记载。从原墓所处地理位置和形制看，应为周瑜后裔在原址重修的可能性最大。考岳阳《周氏族谱》，皆称是周瑜的后裔，自元末明初"万一公辟兵隐居岳阳城南"后，在巴陵小港、石子岭、河塘、西塘及临湘长安、马鞍山、松杨湖等处都有他的后裔在此繁衍生息。

八、鲁肃墓修在引人注目的岳阳楼近侧，周瑜墓却筑在当时十分偏僻的南湖港汊，若是附庸风雅修纪念墓，何不附于城中原有二小山相连的小乔墓侧？

九、若为纪念墓，就应该效仿鲁肃墓依山就势砌筑，何必连墓砖也仿效汉代墓砖的形制制作模型专门烧制？

十、流传已久的墓联。近现代名胜楹联诸书中，有两副皆标明"岳阳周瑜墓联"，说明墓联确实来源于岳阳周瑜墓，应该可以作为岳阳周瑜墓由来已久的又一佐证。

据悉，全国有 4 座周瑜墓，专家认为周瑜的老家安徽庐江舒城和卒地湖南巴丘属真墓的可能性最大。

岳阳周瑜墓为何属真墓？除上述史料外，更主要的是当时战乱频繁，捧灵扶柩归葬千里之外的故乡似不可能，回归的可能只是灵位，而棺柩则葬于他寄居已久的岳阳。

何哉？赤壁大战，曹操虽然惨败，但北方的实力还存在，扫荡孙刘一统天下的计划仍如箭在弦上；刘备借驻荆州，厉兵秣马，已养成羽翼，对东吴威胁日深。这时，周瑜发丧，消息公之于世，其严重后果可想而知，孙权和小乔都不会这样做。根据当时的形势，只可能是秘而不宣，就地安葬以安定军心。

由于周瑜的长子早夭，次子又于黄龙元年封都乡侯不久，因"纵情欲"，"以罪徙庐陵"，病死。由于接二连三的打击，小乔亦抑郁而死，因此周瑜墓葬自是埋没无闻。

（陈湘沅，岳阳市文博副研究馆员。现任岳阳市政协文史委员会特聘研究员、中国范仲淹研究会理事、岳阳市巴陵戏传承研究院顾问兼研究员。著有《深度解读岳阳名胜古迹》《巴陵戏史稿》等。）

附录2：

金鹗山中悼瑜公

周志兵

岳阳古称"巴陵"，亦名"巴丘"，是三国时东吴的属地之一，家喻户晓的周瑜公驻兵的重要军营。公元199年，时年24岁的周瑜公，怀着统一三国的宏图大志，英姿勃勃，指点江山，因长期征战，积劳成疾，英年早逝，36岁死于巴丘，"葬于金鹗之阳"。

每年的三月清明或七月的中元会，络绎不绝的瑜公后代从远方来祭奠瑜公及瑜公的夫人——小乔。2020年11月11日，初冬的暖阳播洒着金辉，我怀着无比喜悦的心情，作为岳阳的守墓人，接待了不远千里而来的亲人——恩来公之侄孙周志勇宗亲偕夫人一行。

首先，我们组织岳阳部分宗亲，有老族长周柏川，岳阳求索诗联协会会长周水江，岳阳作家协会会员周甜甜，岳阳周瑜文化促进会（筹委会）秘书长周波等，在南翔万商恭候迎接，在岳阳空一文化传媒公司举行了欢迎仪式，尔后参观了周志兵"书乡之家"，品茶，共同探索周氏文化。

族谱源流，瑜公的后代遍及湖南、湖北、江西、福建、四川、广东及海内外，世远年淹，一时无法统计。饭后一行又参观了我们周家人创办的岳阳"众壹"饮用水厂，大家一致肯定我们周家人办的"众壹"是放心饮用水，我们会将"众壹"打造成岳阳地方品牌。

11月12日上午，陪周志勇宗亲偕夫人一行于金鹗山中瑜公墓祭奠，邀请了湖南省潇湘曲社副会长、岳阳资深诗词研究协会副会长兼秘书长周文渊宗亲作陪，并在墓前现场讲解。宗亲一行到达金鹗山公园，祭拜了公瑾先祖，上香，宣读祭文，献花上香祭供品。

随后，我们参观了三国古街——汴河街。下午，陪同志勇宗亲一行来到岳阳楼祭拜了小乔，登岳阳楼、览洞庭湖，领略古城风姿。

登上游船畅游于洞庭湖中，感受着"洞庭天下水""乾坤日夜浮"。我们愉快地交流着家族故事，聆听着"吞长江"的优美赋咏。我们因血脉亲情相聚一堂，他们带着激情而来，我们怀着热情相待。

岳阳周瑜文化促进会期待下一次的瑜公仰慕者再聚首，我们作为岳阳瑜公的守墓人，更欢迎全国乃至海内外的宗亲来岳阳领略古巴丘文化、祭奠我们祖先瑜公。

岳阳市周瑜文化促进会（筹委会）会长周志兵、会员周水江、周甜甜即兴作曲纪念。

【越调·天净沙】
周志兵

魂同金鹗长歌，神倾茂木扬波，骨肉亲情系我。心香时果，有缘相聚祥和。

【正宫·塞鸿秋】
周水江

　　群山叠翠笙歌荡，茂林长卧东吴将。魂依金鹗豪情壮，旌扬一统神怡旷。祈求大梦圆，企盼中华旺。弦音笃志冲天上。

【中吕·山坡羊】
周甜甜

　　荒坟高卧，琴音悠和，瑜公英武身端坐。品如何？
　　洁如荷，纶巾羽扇廉风播，骨肉亲人供圣果，心，金鹗锁；情，牵挂我。

第二章　巴丘三国人物录

镇守巴丘的九大将

巴丘城自 199 年至 270 年，从正史《三国志》《巴陵县志》《岳州府志》中共同觅得九大东吴良将镇守巴丘的记载：周瑜、孙松、鲁肃、吕蒙、孙虑、陶延寿、陆逊、陆凯、万彧。九将皆职级很高，其中周瑜、陆凯两镇巴丘。陶延寿在《巴陵县志》有记载，其余八将均由正史《三国志》和巴陵方志双向记述，充分说明九将镇巴丘城之真实性，亦说明巴丘城战略地位对孙吴无比重要。

199 年　周瑜。周瑜镇巴丘。中护军（国家军队最高长官），江夏太守（郡首）。200 年，吴主孙策卒，周瑜自巴丘将兵赴丧。说明周瑜在 199 年就来到巴丘。

203 年　孙松。射声校尉、都乡侯孙松（孙权侄）镇巴丘。

209 年　周瑜。周瑜领南郡太守，移镇巴丘。

214 年　鲁肃。汉昌太守、横江将军鲁肃镇巴丘（214年关羽领三万人守益阳）。

217 年　吕蒙。汉昌太守，左护军，虎威将军吕蒙镇巴丘。

225 年　孙虑。建昌侯孙虑，移镇巴丘。

228 年　陶延寿。吴昌侯陶延寿移镇巴丘（234 年，诸葛亮卒，东吴两次万人增兵巴丘）。

229 年　陆逊。上大将、右都护陆逊驻陆城镇巴丘。

255 年　陆凯。偏将军陆凯拜巴丘督镇巴丘。

264 年　迁镇西大将军陆凯领荆州牧镇巴丘。

267 年　万彧。右丞相万彧镇巴丘。公元 270 年，万彧还建业。

注：270 年至 280 年还应有人镇巴丘。

"小乔从周瑜镇巴丘"

《巴陵县志》记曰："小乔从周瑜镇巴丘。"对此《三国志·周瑜传》同时记曰："瑜时年二十四岁，吴中皆呼为周郎。以瑜恩信著于庐江、出备牛渚，后领春谷长。顷之，策欲取荆州，以瑜为中护军，领江夏太守，从攻皖，拔之。时得乔公两女，皆国色也。策自纳大乔，瑜纳小乔。复进寻阳，破刘勋、讨江夏，还定豫章、庐陵，留镇巴丘。"易中天先生在《品三国》中评曰："这一年，他在官场、战场、情场，场场得意。"时间是 199 年，周瑜首次镇守巴丘。

130 多年后的裴松之在他的注中却说当年周瑜留镇的不是湖南岳阳这个巴丘，可我们的《巴陵县志》却明载："献帝建安五年，孙策卒，周瑜自巴丘将兵赴丧。"即周瑜来巴丘第二年，周瑜就自巴丘将兵赴丧。先年周瑜所镇巴丘必在此，可见岳阳先人比裴松之掌握史料要真实。

150 年前，汉伏波将军首筑巴丘邸阁，早已残垣断壁，周瑜面对的是重起炉灶的繁重任务，为此他日夜操劳，好在老将黄盖、韩当等一批重臣鼎力辅佐。许多事他都是亲力亲为，有时日夜不归，身体日见清瘦，夫人小乔十分心痛，亲备补心气的药和巴丘湖莲子人参汤，与丫环巴丘城里觅夫君，也难见一面……

《周瑜大都督家世》《三国·吴都乡侯周胤公传·周毅》载：在近两年中，周瑜小乔在巴丘经历居多，有喜乐有忧伤，先是长子周循、次子周胤相继出世。次子周胤生于建安五年（200 年）庚辰十月二十八日子时，属龙。长子周循年长一岁，兄弟二人都十分聪敏、伶俐，过目不忘，问一答十。周瑜尤为喜爱，视为掌上明珠，娇妻和母亲何夫人悉心调教，倾囊相授。

周瑜只要回巴丘，先拜母亲何夫人。何夫人在夫君周异为洛阳令时，就不恋京城繁华生活，要回老家居住，后又有孙氏吴夫人一家徙家于舒，共同教育两家众多子女，视如己出，其乐无穷。周循、周胤聪敏非凡，每次都能将上次父亲教的经史里的某句话背出来，并能用拨火棍当刀枪舞几个动作，后来大人们说周循有父风，源于从小读史弄武。

之后，周瑜才与娇妻小乔抚琴唱和。小乔总是先净手焚香，祭拜列祖列宗，求平安吉祥，再与夫君抚琴唱和，小乔总能在夫君调琴定调瞬间，心里拟好唱词，站在夫君身侧，纤纤玉手搭于夫君之肩，夫君起琴弹弦间，小乔就随琴唱出她心中之词，夫妻如此默契，世所罕见。

周瑜出征，小乔虽不能知晓夫君此次征战具体细节，但她从周瑜的琴声里听出的是悠扬如风或者是惊涛拍岸。从中可判知夫君此征之规模大小和险恶程度。小乔焚香祭拜先祖，与夫君唱和，望先祖佑夫君平安归来。

210年，周瑜在巴丘忍病为西征备行装，终日调兵遣将，备办粮草，经报请孙权认可，启程西征。不料，在巴丘湖西岸君山柳林镇芦花洲暴病。不久，主帅在巴丘病亡，这绝对是军事机密，于是军队默然入殓，悄然将周瑜遗体安葬于僻静的巴丘山（金鹗山）临湖丘岗上。

乔玫在巴丘与周瑜断断续续生活十二年。周瑜病逝后，小乔仍居住在巴丘，守候夫君墓地。

大乔嫁孙策，21岁丧夫。小乔嫁周瑜，30岁丧夫。二乔先后孀居于巴丘，大乔小乔姐妹俩在巴丘邸阁中护军府内，用心培养孩子，二乔拜托吴主孙权派文武名师前来为子女教授功课，因此，孙策之子孙绍、周瑜儿子周循、周胤，女儿周倩得到最好的教育。

229 年孙权在建业称帝后，没有忘却两位孀居于巴丘的嫂夫人，数派使者持诏书到巴丘周瑜督军府，欲请她们到建业（南京）居住，以便随时照顾，但两位乔夫人回呈书谢绝曰："巴丘虽难媲美皇城建业，然而，我俩知足，安居乐享也。况公瑾坟茔在巴丘山后，更应春扫秋祭乎，情兮毋忘！特此奉告，万谢大帝恩准哉。"

感于二乔情深意重，孙权也就顺了她们留居巴丘的意愿。

232 年春，孙策遗孀大乔病殂，享年 52 岁。是年冬，周瑜遗孀小乔亦病殂，享年 51 岁。孙权十分哀痛，先后派大乔女婿、大将陆逊等专程到巴丘为其举行隆重的葬礼，并遵二乔遗愿，将她们安葬于巴丘九华山南麓，中护军府后花园剪刀池畔广丰仓内。巴丘人口口相传，称为"二乔墓"。

孙权鲁肃 "榻上策"

广为人知且津津乐道的似乎只有诸葛亮的"隆中对"，其实东吴版"隆中对"的鲁肃与孙权"榻上策"，早诸葛亮"隆中对"七年。

"众宾罢退，肃亦辞出，乃独引肃还，合榻对饮。因密议曰……"

正史《三国志·鲁肃传》说，一次宴会后，众宾都走了，鲁肃也出去了，孙权又单独将鲁肃召回，二人合榻对饮，促膝交谈，就他二人，是密议，谈了些什么呢？

　　首先是孙权向鲁肃发问，说现在汉朝已经不行了，天下大乱，我继承父兄遗业，你既然投靠我，你怎样辅佐我呢？鲁肃首先向孙权分析了当下政治态势，指出，汉朝天下已经不可能延续了，而曹操也不可能消灭，在此大势下，孙权应守住与发展江东，鲁肃的原意是"鼎足江东"，即先三分天下而后一统全国，待东吴强大了，再建号称王称帝。

　　当然，鲁肃的三分是指孙权、刘表、曹操，那时刘备既无固定地盘又无什么势力，尚未进入鲁肃视野。刘表死后，鲁肃就调整了他的规划，改为联合刘备了。鲁肃对孙权说，到一统天下时，就可称王称帝。孙权当时说"此言非所及也"，但鲁肃的话说到了他心坎里。

　　可见，鲁肃早诸葛亮七年就预言了当时的中国将出现"三足鼎立"的政治局面。有学者指出诸葛亮有剽窃之嫌，剽窃了鲁肃的三分天下思想。

　　赤壁之战大捷后，鲁肃从战场回到大本营。孙权率众将迎接时对鲁肃说，我下马迎接你，足以显我之诚。鲁肃却说，这还不行，众人惊愕，而鲁肃却举起马鞭说，现在不算什么，等主做了皇帝，才更显赫呢！孙权抚掌欢笑。

甘宁版的"隆中对"

　　建安五年（200年）孙权年方19岁就接哥哥孙策的班，内无君臣之固，就是屁股还没坐稳，他两个弟弟还在下面做着小动作，此时鲁肃榻上策孙权将来做皇帝，还只是规划。

到了建安十三年（208 年），那个皇帝梦孙权已有心有胆，有人建议孙权可以进入实施阶段了，这个人就是甘宁。这就是甘宁版的"隆中对"。

甘宁，何许人也？甘宁，字兴霸，巴郡临江人。《三国志·甘宁传》说他少有气力，好游侠——经常召集一帮"轻薄少年"，自己当领袖，呼朋引类，招摇过市。碰到什么事情如果对方态度好，就做朋友，态度不好就抢东西。吴书说他"轻侠杀人，藏舍亡命，闻于郡中，出门的时候不是乘车骑，就是乘船。住下来时，就用丝绸代替绳索系船，走时就割断丢弃。看来甘宁年轻时是个横行霸道、大手大脚的"黑社会"大佬。

甘宁忽然改邪归正，不再打家劫舍，反而读起书来，而且"颇读诸子"。他觉得不能再这样胡闹下去，该干点正事了。于是他首先投靠刘表，可刘表不把他当一回事。便又去投靠黄祖，黄祖也不把他当回事（凡人畜之），便又投靠孙权。

甘宁见到孙权是周瑜和吕蒙的推荐，且孙权对他，则是礼遇有加，而且同于旧臣。

208 年春，甘宁向孙权献策。对此，《三国志·甘宁传》载，甘宁版的"隆中对"是："现在，大汉王朝的国运是一天一天地衰落了（汉祚旧微），而曹操却一天比一天猖狂了，曹操他是最终要成为国贼的（终为篡盗）。"

　　甘宁分析政治形势后，紧接着分析东吴区位优势说："荆州这个地方山陵形便，江川流通，这是我们东吴西面的屏障啊（诚是国之西势也）！"至此，甘宁进一步分析和提出了东吴的对策："据我观察，刘表驻襄已久，他既无深谋远虑，接班人也很差，根本守不住那个地方，将军你一定要先下手为强，不能落在曹操后面。"

　　具体行动，甘宁说得十分在理，就是先灭长驻江夏的黄祖，黄祖一灭，就打开了一个口子，也就能乘胜西进，那样我们的天地就宽广了，就可连占巴郡、蜀郡，囊括益州了。

　　甘宁在赤壁之战前这番建议，实与鲁肃的榻上策有异曲同工之妙，且更具体，可操作性强，也击中了要害，孙权也有能力付诸实行了。甘宁向孙权进言时，老臣张昭在座，他反对说，眼下孙吴还不强大，如果大行必败乱。甘宁针锋相对：国家把你当作萧何给你重位，你却居守不前。孙权说，你不要听长史之言。

　　实际上，孙权已于199年、203年、207年三征黄祖，黄祖不但是刘表重臣，长期盘驻江夏，又与孙家有杀父之仇。甘宁的话揭开了再征黄祖的大幕。

　　208年春，孙权以周瑜为前部大都督，甘宁作为重将参与克祖，终获大胜，将盘踞江夏多年的黄祖彻底消灭，且为赤壁之战免去了受东西夹击之险。

鲁肃冒死会刘备

话说曹操大举南征，他的先头部队如入无人之境，盘踞在襄阳多年的刘表连病带吓死了，此时是建安十三年（208年）8月，他不争气的儿子刘琮即位，即举众降。此时曹操率后继部队到新野，已是九月了。

刘表死后，襄阳的紧张情况很快传到孙吴，孙吴一片惊慌，在军事会议上，连老臣张昭都感到曹操实在太强大了，只有降了再说。鲁肃趁孙权上厕所之机，紧跟其后，孙权觉得他有话要说，鲁肃抓住时间向孙权进言，我鲁肃可以投降，而你孙权切不可投降。并向孙权提出尽快派他以吊刘表孝名义去襄阳探虚实，会会已投靠刘表七年之久的刘备，并视情况向刘备提出联刘抗曹之事。孙权同意了他的建议，鲁肃又提出尽快召回还在鄱阳湖训练水师的周瑜，他深知周瑜是主战派。

鲁肃立马向烽火连天的襄阳进发，当他到夏口时，听说曹操已到荆州，鲁肃只得日夜兼程去找刘备。而此时刘备一行早已逃离襄阳，被曹仁率轻骑五千，一日一夜行300多里追赶，刘备一行差点丢了性命，侥幸在当阳长坂坡挡住曹操追兵。

鲁肃见到落汤鸡般的刘备，问刘备："今若何往?"刘备说他打算投靠在苍梧（广西）的旧友吴巨。至此，说明刘备还有诸葛亮尚无联合抗曹的打算。难怪注家裴松之说：

"刘备与权并力，共拒中国，皆肃之本谋。"

于是，鲁肃跟刘备分析，投靠远在苍梧的吴巨是没有出路的，只有与有势力的孙权联合抗曹，才是出路一条，他建议刘备派人同他去柴桑见孙权谈联合之事，但未提派谁去。刘备如梦初醒，采纳了鲁肃的计策，进驻鄂县的樊口（今湖北鄂州市）。并派诸葛亮与鲁肃同往柴桑向孙权表达自己的意愿。

鲁肃对诸葛亮说："我是诸葛子瑜的朋友。"于是诸葛亮与鲁肃肩并肩，团结友好地顺江东下前往柴桑（今江西九江市柴桑区）。

可见，出山不到一年的诸葛亮，并没有提出联孙权抗曹操，只是跟着刘备逃难。

鲁肃在孙吴危难之秋，及时向孙权提出力挽狂澜的三大举措——不可降曹！与刘备谈联合抗曹！建议召回周瑜！

孔明求权签协议

鲁肃在当阳见到刘备，向刘备提出，派人同他去柴桑见孙权谈联合抗曹，诸葛亮说："事急矣，请奉命求救于孙将军。"刘备于是派诸葛亮跟鲁肃去见孙权。《江表传》记曰："备大喜，进住鄂县，即遣诸葛亮随肃诣孙权，结同盟誓。"

诸葛亮在柴桑见到孙权。孙权已因鲁肃和周瑜系列言行坚定了抗曹决心，孙权是在坚定要打、能打，已调兵遣将的背景下，派鲁肃与刘备通气的。如能联合，自然是极好的。《诸葛亮传》载"时权拥军在柴桑，观望成败。""亮以连横之略说权，权乃大喜。"

诸葛亮就是在周瑜、程普被任命为左右大都督的情势下，才来同孙权谈联合之事，其实就是来传达刘备认同联合的态度。于孙权而言，只要刘备承认联合这个事实就行了，你诸葛亮只是刘备的代表而已。

诸葛亮与孙权谈联合之事，的确发挥了他杰出的外交才能，将本已是落汤鸡的刘备，说成还能和曹操、孙权平起平坐争天下的英雄。又用激将法鼓动孙权奋起出兵，打不打得赢他不管。诸葛亮只站在维护刘备切身利益的立场上说话。

《三国志·诸葛亮传》中记："权大悦，即遣周瑜、程普、鲁肃等水军三万，随亮诣先主，并力拒曹公。"

《三国志》作者陈寿，是以汉皇室后代刘备为正统，行文中有意无意抬高刘备一方。其实，孙权早在会见诸葛亮之前已调兵遣将。周瑜、程普、鲁肃等水军三万，是日"即遣"。周瑜、程普等水军三万带着诸葛亮逆水西进，沿长江南岸排兵布阵。

而此时的刘备呢？诸葛亮随鲁肃到柴桑拜见孙权还没回，刘备惊惶未定，派人守在江上望孙权兵船到否。《三国志·先主传》记得明白，"备从鲁肃进住鄂县之樊口，诸葛亮诣吴未还，备闻曹公军下，恐惧，日遣逻使于水次候望权军……乃乘单舸往见瑜"。望见周瑜的船队，刘备在关羽等人反对下，独自乘小船见周瑜。

　　刘备问周瑜带了多少人马？周瑜说3万人，刘备说"恨少"，周瑜说，你就在边上看我怎样打败曹操吧！刘备又提出要见鲁肃，周瑜说他忙，没空见。与先前刘备要见周瑜时鲁肃说"瑜有军任，不可得委署"一模一样。周瑜和鲁肃一样都有军任，在排兵布阵应对曹操。此时，诸葛亮仍"诣吴未还"。

　　这些事实充分说明，孙刘联合抗曹，在东吴孙权的安排中，无论刘备还是诸葛亮，都进不了前线总指挥核心，刘备有多少兵，都拿来给孙权调遣就是了。

　　诸葛亮实际上只是求孙权签订联合协议。

　　刘备周瑜在樊口见面后，周瑜继续逆水西进，勇敢迎战顺江东下的曹操。

周瑜巴丘大点将

　　冬十月的巴丘城，晨光熹微，城东操场战马嘶鸣，城西巴丘湖上，楼船、艨艟、斗舰八字排开，桅杆上的旗帜在风中猎猎作响。

　　卯时一刻，左都督周瑜满身黄金甲，右手高举刺向前方的宝剑，疾步走向城西湖滩边架设的水军点将台。参谋长鲁肃一身戎装，右手紧握佩剑，老将黄盖满身金甲，二人紧随周瑜左右登上水军点将台。与此同时，城东操场的陆军点将台上，副帅右都督程普老将军，身着金色战袍，头戴盔甲，腰佩宝剑，站在点将台上虎虎生威。重臣老将韩当，一身戎装，紧握佩剑肃立其侧。

卯时三刻，水、陆两军点将同时隆重开启。

水军点将台前，阵前十位应征水军将领，指挥各自艨艟叫阵，武功与谋略兼备，只见斗舰与艨艟飞快地在巴丘湖上划着圈，士兵搭箭呐喊……

陆军点将台前，九骑飞马，分别在广场规定位置与预设对手叫阵。从1至9位分别叫阵，厮杀、拼搏，每骑战三个回合，点将台上评判官最终选优定将，击鼓当众宣布入选将官。

至近午时，水、陆两方均点将完毕，当值官当众宣布陆军点中中郎将韩当、别部司马周泰、征虏中郎将吕范三位。水军点中横野中郎将吕蒙、老将黄盖、折冲将军甘宁、别部司马凌统四位为水军大将。霎时，鼓乐齐鸣，响彻云霄！

曹操游君山赋诗

您听说过曹操率众游历巴丘湖中的君山岛，并赋诗曰要与天相守，他要做神仙吗？的确有那么回事。

就在周瑜大点将后的209年1月某日，曹操率众游历了巴丘湖中仙岛君山，赋诗抒情。

游君山

游君山，甚为真。礓魂砟砳，尔自为神。乃至王母台，金阶玉为堂，芝草生殿旁。东西厢，客满堂。主人当行觞，坐者长寿遽何央。长乐甫始宜孙子。常愿主人增年，与天相守。

此收录于《乐府诗集》卷二六的《气出唱》三首之一。

诗言志，在赤壁之战即将开打前夕，他的对手就在眼皮底下，可他在诗中只字未谈战事，开篇就谈他梦想到了一统富饶的江南。

"游君山，到了啊！是真的啊！"开篇道出了曹操对江南仰慕已久的心情。紧接着以"礚磈砟硌"四怪僻字将风景如画的巴丘湖、君山描写得怪石嶙峋，可见他心里难受，有一种莫名的焦躁。当他走到金玉满堂的王母殿时，想到要脱离现实，成仙才好！于是一而再地写他要长寿、要成仙、要与天相守……

此前的 11 月 15 日那个月明星稀之夜，曹操曾在大船上，横槊赋诗《短歌行》。开篇就唱"对酒当歌，人生几何，譬如朝露，去日苦多。慨当以慷，忧思难忘，何以解忧？唯有杜康……"在诗尾写了"周公吐哺，天下归心"渴望人才的到来，那时的曹操是何等豪放、自信！

曹操到了君山，心情为何如此复杂？为何透出弃世情绪？归根到底，他到巴丘看到的景象，使他"心冷"而失去往日雄心，至少是暂时看到了使他"心败"之事物。人量船舰只能在狭窄的江道行驶，不能自如布阵；找不到周瑜的船队行踪；官兵开始染疾，等等。

"心冷""心败"导致了真正的兵败。

三年后曹操强辩，不是周瑜能打败他，而是因疾疫烧船自退。不管怎么说，曹操君山赋诗"心败"在前，赤壁"崩盘"在后，这是不可回避的史实。

一年前，曹操北征三郡乌丸，是何等的气势。是时寒且旱，二百里无复水，无食，凿地入三十余丈，杀马数千才得水得食，众莫知其故，人人皆惧。胡、汉降者二十余万口。

再回溯八年前的讨北方大军阀袁绍的"官渡之战"。那年8月，曹操兵不满万，且伤者十之二三，又缺食，袁绍众射曹营，矢如雨下，众大惧。又有不少人密投袁而去，如此不利境况，曹操都能起死回生，转大败为大胜。

精神力量的巨大作用是客观存在的。

香港大学哲学博士陈华昌先生在其《曹操与道教及其仙游诗研究》（2002.9 陕西人民出版社）一书中说，游君山诗是曹操七首仙游诗之一。此类诗占曹操现存诗量的三分之一。

陈先生说曹操的仙游诗分两大类，一是表现求仙与功名事业的矛盾。二是纯粹求仙问药、得道成仙的幻想，包括长生不老。《游君山》诗属后者。

陈华昌先生指出诗中"常愿主人增年"的主人就是指曹操自己，他要长寿，他要成仙，他要与天相守。

所有正史中，找不到曹操顺江东下巴丘后，有任何实质性举措的记载。与"官渡之战""征乌丸"和不久前猛虎下山之势拿下荆州之神勇判若两人。无论从具体行动还是精神动态，此刻的曹操就是两个字"心败"！

作为一方最高统帅，这个"心败"是何等危险！曹操
自此以后，再也没有到过巴丘！

周瑜巧对曹操联

曹操顺江东下，首站来到巴丘，将他部分舰船留驻巴
丘湖君山后湖濠河一带，在巴丘湖与长江交汇处的三江口
与周瑜打了一仗。

《三国志·周瑜传》："初一交战，公军败退。"但未讲
这个交战地点在哪。《三国演义》说曹公与周瑜初试锋芒是
在夏口五十六里处的三江口。而《巴陵县志》曰："初，权
遣瑜统兵与操遇于三江口。"明白告知是在湖南岳阳巴丘这
个三江口。此刻，曹操根本没到也无法到江夏那个三江口。

《巴陵县志》又告知，曹公在巴丘三江口初战失利后，
"引次江北"这个史实。对此，曹公与周瑜互联为证。

曹操联：舟千乘、马千匹、强弩千张、统百万雄师虎
踞江北。

周瑜联：酒一斗、扇一柄、瑶琴一副、系二三英雄笑
看神州。

此联为曹操巴丘三江口初战失利后，不得不"引次江
北"时所写，此刻，曹操虽被动地将大量舰船一字排开于
江北侧水域，设主营地于江北乌林。但曹操毕竟是曹操，
他在出联中仍出口狂言，气势不凡。

而周瑜联，从字里行间可窥其从容不迫，不在言辞针
锋相对，却绵里藏针。

"虎女怎嫁你犬子"

政治联姻在三国时十分盛行。如曹操将其侄女嫁给了孙权的弟弟孙匡，曹操的儿子曹彰娶了孙权的侄女，论辈分虽是混乱，却在政治上具有团结作用。

东吴孙权为了和蜀国驻守荆州大将关羽拉上关系，特派诸葛亮的老兄，在东吴为长史的诸葛瑾（诸葛瑾，字子瑜）为大媒人，说合关羽女儿为自己儿媳妇。

谁知，关羽闻信，当着诸葛瑾的面破口大骂："我的虎女怎能嫁给孙权的犬子呢？"

结果两家闹翻，愤怒的孙权派大将吕蒙抄了关羽的后路，夺了荆州，杀了关羽父子，并由此引发了吴、蜀一场大战，即有名的陆逊火烧蜀军连营七百里，张飞和刘备也在战前战后分别死去。

孙权本是英雄了得，曹操都忍不住夸道："生子当如孙仲谋！"关羽却自诩为"虎"，轻率地贬低孙权为"犬"！

关羽的那句骂人话"我的虎女怎么能嫁给你孙权犬子"，导致了不堪设想的后果。

吕蒙"士别三日，刮目相待"

三国时，读书风气很高，尤以上层人物为甚。曹操、孙权、周瑜、鲁肃，即便行军打仗都手不释卷，刘备年幼

时不爱读书，家虽贫穷，却喜穿华丽衣服，玩猫狗，后来
也爱读书。

东吴大将吕蒙家贫，没读过什么书，15岁在姐夫——
东吴将邓当手下征战。有人羞辱他，吕蒙怒杀戏弄他的人，
逃离家乡。有人为吕蒙辩护。孙策奇之，安置吕蒙在自己
左右。

不久，姐夫邓当死，老臣张昭推荐吕蒙代其姐夫职位，
并拜别部司马。从此吕蒙一步步升迁，到了掌管国家大事
的官职，可他文化水平却太低。孙权说吕蒙："你现在是管
理国家的大官了，一定要读书啊！"吕蒙说："你看我这么
忙，哪有时间读书啊！"孙权说："我又不是要你成为博士，
是要你从读书中提高自己的领导力。你难道还有我这么忙
吗？"孙权进一步以自己为例，因为从小就读《诗》《礼》
《国语》《左传》，以及各家兵书等古籍，他担任国家重任才
得心应手。孙权对吕蒙、蒋钦二人说："你二人领悟能力
强，学必有得。"

孙权向他二人开出《孙子》《六韬》《左传》《国语》
及"三史"书单。孙权引用孔子"终日不食，终夜不寝以
思，无益，不如学也"的故事，又引用光武帝当兵马之务，
仍手不释卷的故事，甚至还引用对手曹操至老还好学的故
事来激励两个年轻人，吕蒙二人很受鼓舞，于是下定决心
读书。

吕蒙这样一位近乎文盲、公务又繁忙的人，要读书真
的很难。但一旦发狠想读书，就没有克服不了的困难。于

是便有了史书所记载的"蒙始，就学，笃志不倦""其所览见，旧儒不胜。"（《三国志·江表传》）

吕蒙的见识和看问题的深度，胜过老知识分子呢！

周瑜死后，鲁肃代之。鲁肃屯陆口时，经过吕蒙防区，去见吕蒙。吕蒙以酒招待鲁肃。酒酣时，吕蒙问鲁肃："你受重任，以爱挑衅的关羽为邻，以何计对之？"鲁肃内心本有点轻视吕蒙，未将吕蒙放在心上，就随便回了一句："走着瞧吧！"

想不到吕蒙却将敌我双方情势分析得头头是道，并向鲁肃密授对付关羽的三策，《江表传》载：吕蒙"密为肃陈三策，肃敬受之，秘而不宣"。鲁肃听到"越席就之"。肃并抚着吕蒙背说："吕子明，我不知你进步如此之快。"吕蒙回应："士别三日，即更刮目相待。"

"文盲"创造了名言。

孙权惊叹：人有长足进步，如吕蒙、蒋钦，一般人是难做到的，但无论职位高低，贫穷荣显，只要折节好学，轻财好义，真正付诸行动，都可成为学者，这是永恒的道理。

陆逊将军谏孙虑

孙虑是孙权的次子。"少敏惠有才艺，权器爱之。"黄武七年（228年），封建昌侯。建昌侯虑禀性聪敏，才兼文武，授镇军大将军。

驻下隽陆城（今岳阳市云溪区陆城镇）的是孙权侄女婿陆逊，上大将军、右都护。

"时建昌侯虑于堂前作斗鸭栏，颇施小巧。"

此载为《三国志·陆逊传》之史实，说的是孙权次子建昌侯孙虑，镇守巴丘鸭栏，听说江湖野鸭好斗，特建豪华斗鸭场，对此，《临湘县志》载得明白。孙虑在后傅家塘筑豪华斗鸭场，以观鸭斗娱乐。魏文帝曹丕闻之，特派人来说，要来观斗鸭。孙吴恐曹魏以此为由，攻打孙吴，而拒之。

可曹魏却不是省油的灯，放出话来说，你那个地方是个停放死尸、举行丧葬谅阴之所，并不吉利，意思是说你请我还不来呢！

陆逊对孙虑说："君侯宜勤览经典以自新益，用此何为？"就是说，你作为一方守将，应勤读经典，以此不断提高自己的工作能力，如此玩乐是不行的。

孙虑还算听话，"虑即时毁彻之。"

"射声校尉孙松于公子中最亲，戏下兵不整，逊对之髡，其职吏。"意思是说，陆逊对孙权侄孙松和次子孙虑要求都很严格，十分严厉。鸭栏矶地名也由此而来。

鲁肃镇巴丘

210 年，周瑜卒于巴丘后，鲁肃代瑜领兵，拜为奋武校尉，瑜士众四千余人，奉邑四县，皆属于鲁肃。但鲁肃并未立马来巴丘，《三国志·鲁肃传》曰："肃初住江陵，后下屯陆口，威恩大行，众增万余人，拜汉昌太守偏将军。"《岳州府志》记曰：鲁肃"威恩并行"。

214 年，肃从权破皖城，转横江将军。

《三国志·吴主传二》记曰：十九年（214 年）五月，权征皖城。闰月克之……使鲁肃以万人屯巴丘以拒关羽。

拜汉昌太守的鲁肃，是在周瑜卒后，也就是 210 年后。《平江县志》载：鲁肃以汉昌太守驻平江县金观铺，又曾在汨水湾训练水师，今平江县城，汨水南尚存鲁肃山地名。

可见，鲁肃在周瑜卒于巴丘后至 214 年闰五月间，先是驻江陵，屯陆口，再驻平江金铺观，从孙权攻皖城，至 214 年闰五月才来巴丘，晚周瑜 14 年，晚孙松 11 年才镇巴丘。

鲁肃百步会关羽

鲁肃一到巴丘，就派折冲将军甘宁领兵三百驻益阳县资水之南。驻鲁肃上游的是刘备部关羽。214 年，刘备派关羽领兵三万、精兵五千驻守巴丘南面的益阳资水上游。

《三国志·甘宁传》载曰：后随鲁肃镇益阳，拒关羽。羽号有三万人，自择选锐士五千人，投具上流十余里浅濑，去欲夜涉渡，肃与诸将议，宁时有三百兵，"可复以五百人益吾，吾往对之，保羽闻吾咳唾，不敢涉水。涉水即为吾

禽。"肃便千兵益宁，宁乃夜往。羽闻之，住不渡，而结柴营。(见图4)

这段史载是说当年（214年）关羽领兵3万守益阳，不断向鲁肃挑衅，鲁肃总以联合抗曹大局为重不与之对立。鲁肃开始只给甘宁300人守在关羽驻资江的下游，后来给了甘宁一千人，并指示说，你通晚派人值守，并不断咳嗽以告诉关羽我们是有人守值的，你不要轻举妄动。这一手果然灵，关羽再也不每夜磨他那把青龙偃月刀，不再扬言要杀过来。

关羽挑出五千精兵驻在资江上游十里的浅濑而结柴营，后来这个地方就称作"关羽濑"。

《三国志·鲁肃传》记曰："……肃住益阳，与羽相拒。肃邀羽相见，各驻兵，马百步上，但诸将单刀俱会。"

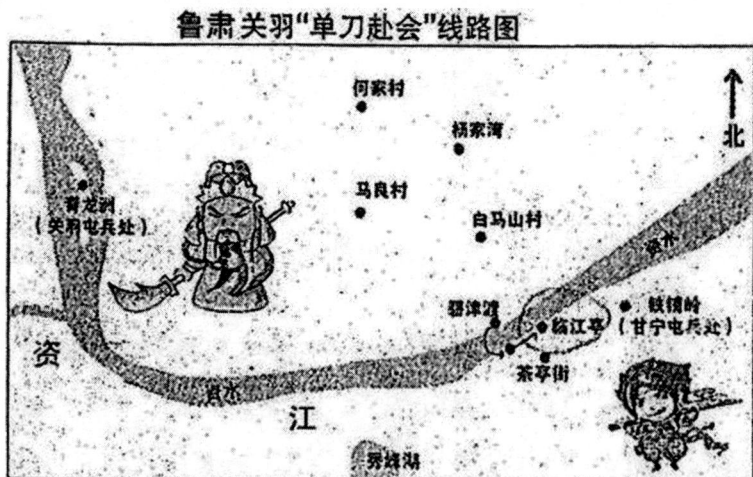

图4 临江亭：鲁肃要求关羽单刀赴会

　　为进一步与关羽融合，鲁肃主动约关羽见面和谈，提出，各驻兵马相距百步，又只带单刀，各在百步两头对谈，这就是历史上有名的"单刀赴会"的故事。

　　一上来，关羽就说当年乌林赤壁之役，刘备如何连夜晚都不脱衣，与曹操战，难道连一块地都不应得吗？你们今天还来讨吗？

　　鲁肃针锋相对，揭他的老底说，当年你们主公刘备被曹操追到当阳长坂差点丢了性命，当时你们的军队，只有一校（七八百人），我问你们主公今后打算到何处去？你们的主公说打算投靠远在苍梧（广西）的旧友吴巨，还是我鲁肃劝你们主公说，投靠吴巨是没出路的，只有与我们孙吴联合抗曹才有出头之日，你们主公才听我们的建议派诸葛亮随我去见孙将军，因此才有今天。你们食言在前，借人家的地不还，还有何理可说？

　　关羽被鲁肃的话说得哑口无言，只好一面操起刀一面自言自语："此是国家事，我一个普通人管不了。"众目睽睽下自个儿走了。

第三章　巴丘，三国交战锋面

岳阳三江口，赤壁之战始发地

　　赤壁之战是东汉建安十三年（208 年），孙权、刘备联军在长江赤壁（今湖北省赤壁市西北）一带对抗曹操大军的战役，最终孙刘联军以火攻大破曹军，取得胜利。此次战役是中国历史上以少胜多、以弱胜强的著名战役之一。作为三国时期"三大战役"中最为著名的一场，它奠定了三国鼎立的基础。同时该战役也是中国历史上第一次在长江流域进行的大规模江河作战，标志着中国军事政治中心不再限于黄河流域。

　　由于《三国演义》的巨大影响，民间神化了诸葛亮，只知赤壁之战打败曹操的是那个摇鹅毛扇，要风得风，要雨得雨的诸葛孔明先生。以为这就是历史事实。一代文豪鲁迅一针见血指出："状诸葛多智而近妖！"孔明那装神弄鬼唤来东风，都是假的。

历史的真相是：三人争天下，诸葛亮是配角。

曹、孙、刘抢占天下

长江以北都是曹操的地盘，皇帝也要让他传旨，他又有强大的军队，替他出谋划策的谋士足有一个排。曹操要一统天下，近期目标是取江夏。

孙策历经三世，占有江东广大地盘，更拥有智勇双全的周瑜、鲁肃等一群战将。

只有刘皇叔刘备本钱最小，搞了近30年，还没个固定地盘，也没像样的军队，几年前投靠襄阳皇族刘表，至今仍寄人篱下小本经营。别看这位刘皇叔虽五易其主，四失其妻，手里的军队从没过万，可他最大的优势是人缘特好，无论他落魄到何种程度，总有人热情款待，在襄阳刘表处已六年了。

曹、孙、刘三个人的共性，从骨子里都欲争天下，最终做皇帝。

读《三国志·武帝纪一》，一幅壮阔的画面徐徐展开在眼前：207年春二月，曹操正式向全国进军，并发布了丁酉令（丁酉令含最高权威义）。他在令中以三个"定"字言明他欲争天下的广度和保证。第一个"定"字言明他要的是全国，原话是"天下"，第二个"定"字言明由谁来占天下，他和贤士大夫。第三个"定"字说明定天下采取的保证措施是大封功臣。

曹操发布向全国进军的通令后，于次年 1 至 6 月，大练水军，罢三公，自任丞相，以皇帝名义向全国发号施令。

208 年 7 月，曹操名正言顺大举南征襄阳刘表，8 月，刘表连病带吓死了，刘表的儿子刘琮接位。可 9 月刘琮就举众降曹操了。曹操虽 9 月才到新野，可曹操命曹纯和刘表水军降将文聘率五千轻骑一日一夜行 300 多里，追得刘备一行到当阳长坂，刘备差点丢了性命。此刻诸葛亮只是跟刘备逃难，寸功未立。刘备卖了个关子，未继续南逃东下巴丘，而是斜趋汉津到夏口逃命了。

旬日间，曹操兵不血刃取得了荆州（江陵）得刘表水军七八万，物资无数。此时，孙权还在观望，刘备在落荒而逃之中。

孙刘联合抗曹

曹操抢占荆襄，刘表亡刘琮降刘备逃的消息很快传到孙吴阵营。孙吴上下一片惊慌。

"其年九月，曹公入荆州，刘琮举众降，曹公得其水军，船步兵数十万将士闻之皆恐。"这是《三国志·周瑜传》记载的曹操大举南征荆州（江陵）的状况，而《鲁肃传》则曰："曹公欲东之问。"

《吴主传二》引《江表传》载，曹公与权书曰："近者奉辞伐罪，旌麾南指，刘琮束手。今治水军八十万众，方与将军会猎于吴。"权得书以示群臣，莫不响震失色。曹操向孙权下战书了！有学者说曹操并未下这个战书。

下不下这个战书并不重要。曹操已席卷襄阳，紧接着在旬日间，兵不血刃取得了荆州（江陵）"曹公又欲东之问"，就是要顺江东下了，下一站不就是孙权吗！

在孙权召开的军事会议上，以大臣张昭等为首的主降派占压倒态势，力主先降了再说，认为曹操实在太强大。

鲁肃抓住孙权离席更衣之机，紧跟其后。孙权见鲁肃有话要说，立马打住，鲁肃抓住时机，劝孙权不可降：我鲁肃可投降，你孙权万不可降。尽快派我鲁肃去荆襄以吊刘表名义探虚实，视情况与刘备谈联合抗曹之事；召回正在鄱阳湖训练水军的周瑜。鲁肃深知周瑜是主战派，孙权完全同意他的建议。

紧接着，周瑜从训练水军处回。在孙权召开的军事会上，周瑜当众力陈孙吴之强大，曹操之弱点，并列举曹操犯了兵家四忌，当众立下军令状，只要给他精兵 3 万，保打败曹操。

是夜，周瑜又到孙权府上，精细地给孙权算清了军事账：曹操说自己有 80 万绝对是吹牛，他最多二十三四万，还是多年征战疲惫之师，再加上新降的刘表之师心怀二心，怕什么！

孙权豪气冲天：已准备精兵 3 万，要周瑜与程普、鲁肃在前出发，他做后盾，又交代你们先去打，万一不行你就回来，我与曹贼决一死战。孙权给足周瑜底气，又给自己留有余地。

孙权在鲁肃周瑜应打、能打的主张下，坚定了与曹一战的决心，定下孙刘抗曹联盟的原则：孙吴要掌握主动权。

还组建了以周瑜、程普、鲁肃三人牵头的前线总指挥部。

鲁肃受命前往刘备处沟通。他到江夏时，就听说曹操已向荆州（江陵）进军。鲁肃重启行程，日夜兼程，冒死赶到当阳长坂，见到了刘备。此刻，诸葛亮正同刘备逃难，寸功未立。

鲁肃问刘备："今若何往?"刘备说打算投靠在苍梧（广西）旧友吴巨。

鲁肃立马说此举不可，只有与势强的孙吴联合抗曹才是出路。刘备像抓住救命稻草，孔明也说："奉命求救于孙将军。"刘备同意鲁肃的建议，派诸葛亮（鲁肃建议时未讲派谁）同鲁肃去柴桑与孙权谈联合之事。

孙刘联合抗曹，缘起鲁肃，与诸葛亮没多大关系。

有学者著文指出："孙权和曹操，本无嫌隙（刘备与曹操有嫌隙），所以当时孙权假使迎降，就能使天下及早统一，免于分裂之祸。然则孙权的决意抵抗，周瑜、鲁肃的极力撺掇，孙权抵抗，不过是好乱和行险侥幸而已。"又有学者说，如果孙权投降了曹操，曹操早将中国统一了。

此言差矣。曹操、刘备、孙权三人从骨子里都想一统中国而称帝，谁能投降谁？且几千年古今中外史，所有政治人物，都有自己的最高政治目标，为达此目标，谁能让谁？曹操不会让，孙权同样不会让。

曹操"破荆州，下江陵，顺流而东也，舳舻千里，旌旗蔽空，酾酒临江，横槊赋诗，一世之雄也"，孙权能不备战吗！

孙刘联盟的指挥中心是孙权派

在鲁肃的努力下，刘备一方也定下联盟大计。刘备派诸葛亮随鲁肃来见孙权。

《三国志·吴主传第二》记："瑜、普为左右督，各领万人，与备俱近。"《三国志·先主传二》记："权遣周瑜、程普等水军数万，与先主并力。"《三国志·诸葛亮传》记："权大悦，即遣周瑜、程普、鲁肃等水军三万，随亮诣先主，并力拒曹公。"三处史志，记载孙刘联盟抗曹前线总指挥部正将为周瑜，副将为程普，参谋长为鲁肃。其指挥核心，刘备和诸葛亮二人均未进入。孙权决不会让东吴大权旁落。

周瑜、程普、鲁肃随诸葛亮往西。孙吴三将到江上布兵。诸葛亮先行回到刘备处。

话说诸葛亮到孙吴处磋商未回时（诣吴未还），刘备天天派人在江上望盼孙吴回音。

终于诸葛亮回来了，诸葛亮对刘备谈曹操的弱点，大谈刘孙联盟的益处。其实十多天前，周瑜在孙吴的最高军事会议上就讲透了曹操南下进兵的弱点。曹操犯了兵家四忌。诸葛亮还带来周瑜口信，说是自己在江上布防，脱不得身，还是你刘备来见我吧。刘备于是自己乘小船去见周瑜。

刘备见到周瑜，听说周瑜只有 3 万人马，认为人少了。周瑜却说够了，你就在边上看我打败曹操吧。说明刘备和诸葛亮均未进入周瑜前线指挥中心，刘备方还要看周瑜脸色行事，孙刘联盟多是道义和社会影响作用。

军事指挥中心选址灯窝山

长江南岸，赤壁上游是湖南省岳阳市临湘市。临湘古县志记曰："周瑜南郡太守移镇巴丘。破曹操于赤壁，今邑中灯窝诸迹为瑜屯兵之地。"该志又记载了黄盖湖（太平湖）区位优势，赤壁之战时，黄盖屯兵于此。

军用航测图截图，能清晰看出，周瑜、黄盖布主力于此，显示周瑜杰出的军事天才和胆略，也表明了他战略上藐视敌人，战术上重视敌人的沉稳风格。

周瑜、黄盖主力布于长江南岸中低山系旁，太平湖（黄盖湖）面积220多平方公里，距下游乌林、赤壁仅9公里。周瑜黄盖在上游，江南太平口、赤壁、陆口三要塞极利于向下游乌林曹营发起进攻。

太平湖只有一个太平口连通长江，真乃一夫当关万夫莫开之所，曹操如敢贸然入内，必将被关门打狗。

太平湖周边粮、棉、鱼、茶、油等物产丰富。周瑜选此与曹操决战，可能又做了最坏打算，万一失利，可遁迹山林，也饿不死，并可伺机再战。

灯窝山位于今天的临湘市坦渡乡，背靠苍莽山岭，面向太平湖，有一条隐秘曲折的水道通往太平湖。居高临下，进可攻，退可守，是极佳的军事指挥中心。

不少学者，包括顶级学者几乎都在谈，当年曹操顺江东下时，与从柴桑逆江西进的孙权、周瑜在赤壁打了一场遭遇战。此言差矣，曹操在江陵滞留了3个来月，而孙权、周瑜都在柴桑（九江）傻乎乎地而不备战布兵，干等3个月，到曹公东下了，才逆江西上？不会的，而是早择"一夫当关，万夫莫开"的太平湖布下了天罗地网，并非遭遇战。

曹操顺江东下

曹操决心一统天下，而他的战略部署是首取江夏，但他一直打着只打刘备的幌子，其实是为各个击破。

曹操在江陵滞留期间，下令荆州吏民，与之更始。乃论荆州服从之功，侯者15人，又以刘表水军大将文聘为江夏太守……可见，曹操近期目标是取江夏。

可眼下江夏太守是周瑜。此前刘表曾命刘琦为江夏太守，故现聘文聘为江夏太守还是一纸空文。

曹操取江夏是顺长江东下还是顺汉水东下？这个问题对曹操和周瑜根本不是个问题，因他们都早知汉水流量太小，行不了大船，只能顺长江东下。

然而现代人包括学者们，却处在一种云里雾里之中。至今还有学者，包括权威还在喋喋不休，大谈曹操当年有强大的赵俨北线兵团，顺汉水东下取江夏。于是乎，无端生出多个赤壁和多个华容道来，还振振有词。

只能顺长江东下，不能顺汉水东下！

曹操当年取江夏，好像既可走汉水，又可走长江，顺江东下。实际上，曹操造数千只竹篾，顺汉水东下，可周瑜也不是省油的灯，早备好数百只小船，纵火烧了曹操的竹簰，曹操只得灰遛遛地连夜退走。此史实在曹操十分器重的谋士、从刘表那儿过来的王粲的《汉末英雄传》里交代得明明白白。

确定曹操顺长江东下，十分明白地解决了诸多学者久拖难决的如赤壁在哪、华容道在哪、乌林在哪等众多所谓赤壁之谜。

汉水流量仅为长江的十八分之一

曹操能否从汉水顺江东下，请看看汉水与长江水势比较，便可见其端倪。按《中国水系辞典》可知，多年平均流量，长江为 $23400m^3/s$，而汉水仅为 $1577m^3/s$，长江为汉水的 14.8 倍。枯水期，汉水流量仅为长江的十八分之一。长江水深 $17\sim20m$，汉水仅 $0.3\sim3m$，长江航宽为 $1\sim3km$，而汉水仅 $3.5\sim100m$。

从上述几组数据比较可以看出，汉水冬季稍大船只就难以航行，到汛期，襄阳以下也只可行 300 吨级船舶，枯水季仅可行 $3\sim6$ 吨小船，且航速非常缓慢。一些学者说的赵俨北线兵团实为子虚乌有。

无独有偶，1267 年宋元之战，元军围襄阳城长达 6 年之久才攻下，重要原因是汉水流量太小，河道弯曲窄小，双方船只难以通行，战争物资难以运送，而致战争多年处于胶着状态。

可见，曹操只能从江陵顺长江东下，至巴丘，再去江夏应更接近史实。

夏水冬竭夏流

有学者认定：曹操可从夏水东去江夏。

古"夏水"就是今天的"内荆河"。但夏水是"冬竭夏流"，它比汉水运载能力更差，故曹操行此路更不通。

夏水，古已有之，是连接长江与汉水的河流。屈原流亡时也经过夏水。

《水经》讲到夏水："夏水出江津，于江陵县东南，又东过华容县南，又东至江夏云社县入于沔。"

《楚辞》必谈夏水。《哀郢》"遵江夏以流亡"之夏水，也是《渔父》中说的"沧浪之水"。谈九州之一的荆州，就把夏水与江、汉、潜并提，为楚境四大河流之一。

古夏水自江陵东南先向南流，经监利再经古华容县，且首出于江，尾出于沔，亦谓之沱，且按"江、沱、潜、汉"顺序排列，由南到北，由远及近，直至夏都。

顺江东下，首到巴丘

曹操在江陵滞留三个来月后，准备顺长江东下，攻取江夏。

此刻，他的谋士贾诩，劝说他不必东下："由于您的强大，江东孙吴自然会稽服矣。"曹操自然不会听他的。倒是《三国志》注家裴松之的一段文字阐明了曹操的心思。

裴松之写道："……魏武不得安坐邺都以威怀吴会，亦已明矣。……将此既新平江汉、威慑扬越，资刘表水战之具，借荆楚楫棹之手，实震荡之良会，廓定之大机，不乘此取吴，将安俟哉?"裴松之此话可谓丝丝入扣，入木三分，句句是曹操所想所行。

如此，曹操就率众浩浩荡荡自江陵顺长江东下。号称80万大军。《三国志·武帝纪一》记得明白："十二月，公自江陵征备至巴丘……至赤壁……与备战，不利……"

曹操一直打着征讨刘备的幌子，是想以最小的代价，获得最大的利益。对此，我们的学者们如果能明白政治家、军事家们最惯用之策略，就会理解曹操所说的"只打刘备，不打孙权"的深义。

曹操一鼓作气首站来到巴丘。他到巴丘后，将部分船只，主要是他随行船队，停靠在君山后湖、濠河一带，后人称曹公洲的那个地方。当地史志均有曹操进军与退军在巴丘湖曹公洲落脚的记载。

曹操停船曹公洲后，还率众游历了巴丘湖中仙岛君山，并发挥他登高必赋的天才，留下了游君山诗曰："游君山，甚为真……"（《乐府二十六气出唱三首之一》）

巴丘开打赤壁战

曹操一路行来，顺江东下首站来到巴丘，当他游山玩水安顿后，想不到他的对手小青年周瑜，早就在此候着他寻找战机。

周瑜在长江南岸自太平湖（今岳阳黄盖湖）至石头口

（今赤壁）布兵排阵。指挥中心设黄盖湖上游灯窝。

《三国志·周瑜传》则记曰："时曹公军众已有疾病，初一交战，公军败退，引次江北，瑜等在南岸。"没有交代初战地点。

《巴陵县志》补充了初战地点："初，权遣瑜统兵与操遇于三江口。"

曹操初战败于巴丘三江口，是前所未有地"惨"，甚至比200年官渡之战的袁绍还要惨。此时，曹操的队伍以20万计，其船只能一字排开靠于江北水域，至少也有10华里长，且全暴露于野。这就是那个"引次江北"的记载。所谓"引次"指"引领、退却，途中停留处所"。

查遍《三国志》和方志，找不到曹操到巴丘，直至开战前后，他有如在江陵荆襄那种得心应手之任何举措。说明他的处境是两个字："被动！"

为何如此？是巴丘的现实环境以及周瑜巧布兵阵决定的。曹操的众多神探，必探知周瑜早在巴丘前不远处的太平湖（黄盖湖）、灯窝山驻重兵，而曹操在下游不远处的大营乌林实已成了十足的靶心。自己船只虽多，但全部暴露，且机动性又太小，更要命的是他众多北方旱鸭子坐船就吐，不少人已不习水土，病了。

巴丘三江口，在此隆冬季节是一派什么景象呢？一眼望去，到处是纵横交错的沟、坎、渠，内中深浅不一，布满泥水，两岸是数丈高的黄绿相间芦苇，与大江相连，水深浅不一，大舸进不来。周瑜的艨艟斗舰小船却能神出鬼没，到大江对面逗曹操一下，之后又不见踪影，有点像后来冀中地道战。更头痛的是周瑜和黄盖主力藏于太平湖，那太平口是一夫当关、万夫莫开之所，曹操虽势大如天，也不敢入内，否则定将被关门打狗。

周瑜又占据自巴丘至江夏众多江南岸江防要塞，曹操在襄阳以猛虎下山之势，一日一夜行 300 多里追得刘备屁滚尿流之轻骑，在巴丘湖区却派不上用场。

这就是曹操在巴丘三江口初战失利"引次江北"的原因。因为被动，因为惨，所以魏史没有曹操来到巴丘、乌林、赤壁至周瑜火攻乌林前的史料记载。

赤壁赤壁

"故垒西边，人道是，三国周郎赤壁。乱石穿空，惊涛拍岸，卷起千堆雪。"

赤壁之战在哪里？在赤壁。

黄州赤壁？蒲圻赤壁？江夏金口镇赤矶山？

苏东坡过黄州，误以为黄州（今黄冈市）长江边的陡崖是当年赤壁之战的赤壁，便豪情抒写《赤壁怀古》《赤壁赋》。但文学家不是史学家，后人并没有把文学家的散文真的当成史料。

还有学者说，赤壁之战在今天武昌江夏区金口镇赤矶山。此说完全不符史实，因那时曹操先是在巴丘，后在乌林，根本未到武昌江夏金口镇赤矶山。

又有学者说，蒲圻赤壁之战时，不叫赤壁，而叫石头口。直到唐朝，那里还叫石头口。而蒲圻赤壁之赤壁名是后来才有的。由此推出，真正的交战地不是现在的蒲圻赤壁。笔者认为，这样的逻辑推理显然有问题。一个地方先后有几个地名，这是常见现象。原来叫石头口，后来更名为赤壁，不正是因为发生过赤壁之战而更名吗？某地因为某事闻名而更名的例子太多了。岳阳市原来的南区更名为岳阳楼区，岳阳县沙陂村因为出了方尚书，现更名为尚书村。蒲圻市因为赤壁之战，现在更名为赤壁市。

还有学者说，赤壁之战绝不是发生在一个地方，是先在赤壁，后在乌林。

赤壁之战不发生在一个地方，这点讲对了。赤壁之战，首战地巴丘三江口，然后曹操引次江北，再回归乌林曹操大本营。乌林不在别处，就在赤壁对河。然后南岸赤壁的孙刘一方火攻江北岸曹船，引发岸上乌林曹操大营被烧。

赤壁之战，并非曹操从赤壁逃到乌林，而是孙刘联盟（严格说，是孙吴黄盖部）从赤壁出发，乘船从江南到江北，点火烧曹船，引发乌林曹营大火。

曹操顺江东下，经巴丘，下至蒲圻石头口（后称赤壁），驻石头口对面乌林。

赤壁隆冬确有东风

周瑜为什么要选择在蒲圻石头口（今赤壁市）与曹决战？

长江流到赤壁，江边巨石山峰陡立江中，迫使长江向江北乌林方向凸去，长江变窄。江南山丘区与江北云梦大泽区的水热效应因水陆地形差异造成的局地热力环境，极易形成偏东风，这在气象学上是常识。

经查长江沿岸蒲圻、临湘、岳阳百年气象资料，证明十二月确有强东风。"一日南风三日到，三日南风狗钻灶"这句流传于长江中下游地区已千百年的民谚，高度概括了此地隆冬有强偏东风的史实。农家、渔家、船家千百年来将此应用于生产生活。

隆冬季节，在赤壁、乌林地区有大冷锋天气偏东风叠加，必将造成强势的"往船如箭"的东南风，至少 6 级或以上。长期守长江的周瑜必早知此气象秘密。

《三国演义》中，诸葛亮故弄玄虚、装神弄鬼，说是他祭来了东风才使赤壁之战获大胜，真是一派胡言。当然罗贯中根本不知有东风，他如此写的目的，是要无限抬高孔明等人并神化之。

叶圣陶先生于 1945 年 12 月底从重庆乘船顺江东下回上海，几天亲历隆冬有强偏东风，他在《日记三抄》写道："晴，冬吹东南风，江中见白浪，扎船避风。周瑜殆熟知之，故有赤壁之胜……所谓借东风，不过是周郎利用曹操所不知的这一自然条件罢了。"

周瑜择此与曹操决战，显示了他杰出的军事才干和无比的胆略。

赤壁火攻

周瑜择赤壁屯兵与曹操在此决战，可谓天时、地利、人和。

赤壁之战，如没有火攻，历史必将改写。

"今寇众我寡，难与持久。然观操军方连船舰，首尾相接，可烧而走也。"这是黄盖提出火攻之建议。

关键词"可烧而走也"深含几层意思。一是我们兵力少，难打持久战。只要把曹操烧走就行了。第二层意思十分关键，曹操的船连在一起。东风来了，就将曹操烧而走也，否则是自焚。

如果没这个东风，就绝不会献这个火攻之策，周瑜、孙权也绝不会批准这个自杀式的火攻之策。借东风使火攻，是建立在科学依据的基础上，绝非孔明的装神弄鬼。

正史《三国志》及注如实记载了火攻前后气象实况。

火攻后不久，大雾迷道，此乃常见的锋面雾或锋后短暂雾，很快转偏北风降温，甚或风寒雨雪，黄盖中箭坠水，为吴军人所得。曹操则顺强北风，改乘船逃向巴丘湖，上岸遇寒雨，道路泥泞不通。

此种先南风晴和、后北风雨雪天气，于冬、春、秋在长江中下游地区十分常见。

长江中下游，隆冬有势强东风，如汉水冬天不能行大船一样，均是一种非常正常的自然现象，长年驻守江湖的东吴大将了然如心。只是曹操和一些后世学者们一概不知罢了。

附录1：

赤壁之战时水文气象概貌
李连芳

任何事均发生在一定天气气候、水文背景之下，知晓它，能助力认识事物发生真相，赤壁之战更是如此。可学者们，包括权威却几乎忽略此，故争论不休无结果，最后只得归结一句话："赤壁千古疑云！"实则，赤壁完全有可解之疑，就是忽略对事件自然背景之认知。

江河水系、气象特征

208年，中国三股政治势力魏、蜀、吴，分北、西、东，以曹操势力最大，孙吴次之，刘备最小。曹操率先要一统中国，他要首取江夏武汉，必经孙吴地盘，对此，孙权决不会坐视不理。

而当时江、汉水系和气象特征是怎样的呢？

能从水路至江夏武汉的，北有汉水自襄阳至江夏，南有长江自江陵至江夏，还有连接江汉的夏水。但大多数学者并不知因汉水流量太小，曹操无法从那儿东下江夏，对此，至今还有学者在那儿喊曹操有强大的北线兵团，因此无端生出多个赤壁和华容道来；也有学者还在说曹操走夏水取江夏，在那个严冬而竭的夏水更走不通，故曹操只能顺长江东下巴丘而蒲圻赤壁，可周瑜能不守在那个绝佳天然战场吗？于是蒲圻赤壁，湖南岳阳华容道不就天生成了。

　　而每年冬春"一日南风三日到，三日南风狗钻灶"的先东风后北风天气多是三五天或七九天转换一次，周瑜们能不熟知吗？故黄盖说"可烧而走也！"不熟知有东风，孙权能批准火攻吗？对此，诸多学者是不如周瑜们熟知江汉水文气象概貌的，甚或学者们想都未曾想到。

208 年江汉水文气象概貌

　　按长沙走马楼 1996 年 9 月出土大量吴简（17 万件）知三国时，特别孙吴，多干旱少雨，至 208 年冬，估计江汉水量不甚丰盈，特别汉水，流量在长江以下很多。而"一日南风三日到，三日南风狗钻灶"冷锋天气较多，故极利周瑜们实施火攻，而诸葛亮装神弄鬼祭东风不但是无稽之谈，且扰乱了正史正确记述赤战真相，故学者们更应尽可能知天知地，才能破解赤壁之谜。

　　[李连芳，成都气象学院毕业。高级工程师。曾任岳阳市老科协专家委员会生态环境专家组组长。著有《天时与农事》《西法保健中法养生要秘》《中医气象学》（合著）等。]

附录2:

聂绀弩点评苏轼《念奴娇·赤壁怀古》

聂绀弩（1903—1986）著名诗人、散文家，曾任中国作家协会理事、香港文汇报总主笔，人民文学出版社副总编兼古典部主任。聂绀弩为岳麓书社1986年重印《三国演义》写了前言。他特地说明，真正的周瑜是多么帅，多么英武！但《三国演义》美化了诸葛亮，丑化了周瑜。

聂绀弩说，苏轼《念奴娇·赤壁怀古》："遥想公瑾当年，小乔初嫁了，雄姿英发。羽扇纶巾，谈笑间，樯橹灰飞烟灭。"每一句话都是说周瑜的。

但《三国演义》把"羽扇纶巾"等都拿给诸葛亮了，剩下的只有小乔。先把诸葛亮打扮一番。

杜牧《铜雀台怀古》诗："东风不与周郎便，铜雀春深锁二乔。"《三国演义》从中悟出两点。一点，从二乔与东吴人物的关系，说诸葛亮去东吴游说，劝周瑜献"民间之二女"二乔与曹操，曹操自然退兵。激起周瑜破曹决心，好像东吴破曹全由诸葛亮激起似的。

二点，更重要的是东风，曹操在上水，船多；东吴在下水，船少。非有东风，决难取胜，而东风只有诸葛亮能祭。于是破曹首功，当推诸葛亮。但这也是剥夺周瑜的功劳的。

　　元曲中有隔江斗智，于是《三国演义》有三气周瑜。不但剥夺了周瑜的东西，简直把他的性命也了结了。使他临死还说："既生瑜，何生亮？"

　　《三国演义》抬高诸葛亮的方法还有很多。

附录3：

苏轼《赤壁赋》《后赤壁赋》

《赤壁赋》《后赤壁赋》写于苏轼一生最为困难的时期之一——被贬谪黄州期间。宋神宗元丰二年（1079年），因被诬作诗"谤讪朝廷"，遭御史弹劾，被捕入狱，史称"乌台诗案"。苏轼因写下《湖州谢上表》被扣上诽谤朝廷的罪名，被捕入狱。"几经重辟"，惨遭折磨。后经多方营救，于当年十二月被释放，贬为黄州团练副使，但"不得签署公事，不得擅去安置所"。这无疑是一种"半犯人"式的管制生活。

元丰五年（1082年），苏轼曾于七月十六和十月十五两次泛游赤壁，写下了两篇以赤壁为题的赋，后人因称第一篇为《赤壁赋》，第二篇为《后赤壁赋》。

不过，苏轼所参观和描写的赤壁是黄州赤鼻矶，即现在湖北黄冈市赤鼻矶，不是当年三国时期孙刘联军与曹操的赤壁之战地址即现在湖北赤壁市。

赤壁赋
苏轼（北宋）

壬戌之秋，七月既望，苏子与客泛舟游于赤壁之下。

清风徐来，水波不兴。举酒属客，诵明月之诗，歌窈窕之章。少焉，月出于东山之上，徘徊于斗牛之间。白露横江，水光接天。纵一苇之所如，凌万顷之茫然。浩浩乎如冯虚御风，而不知其所止；飘飘乎如遗世独立，羽化而登仙。

于是饮酒乐甚，扣舷而歌之。歌曰："桂棹兮兰桨，击空明兮溯流光。渺渺兮予怀，望美人兮天一方。"客有吹洞箫者，倚歌而和之。其声呜呜然，如怨如慕，如泣如诉，余音袅袅，不绝如缕。舞幽壑之潜蛟，泣孤舟之嫠妇。

苏子愀然，正襟危坐而问客曰："何为其然也？"客曰："月明星稀，乌鹊南飞，此非曹孟德之诗乎？西望夏口，东望武昌，山川相缪，郁乎苍苍，此非孟德之困于周郎者乎？方其破荆州，下江陵，顺流而东也，舳舻千里，旌旗蔽空，酾酒临江，横槊赋诗，固一世之雄也，而今安在哉？况吾与子渔樵于江渚之上，侣鱼虾而友麋鹿，驾一叶之扁舟，举匏樽以相属。寄蜉蝣于天地，渺沧海之一粟。哀吾生之须臾，羡长江之无穷。挟飞仙以遨游，抱明月而长终。知不可乎骤得，托遗响于悲风。"

苏子曰："客亦知夫水与月乎？逝者如斯，而未尝往也；盈虚者如彼，而卒莫消长也。盖将自其变者而观之，则天地曾不能以一瞬；自其不变者而观之，则物与我皆无尽也，而又何羡乎！且夫天地之间，物各有主，苟非吾之所有，虽一毫而莫取。惟江上之清风，与山间之明月，耳得之而为声，目遇之而成色，取之无禁，用之不竭，是造物者之无尽藏也，而吾与子之所共适。"

　　客喜而笑，洗盏更酌。肴核既尽，杯盘狼藉。相与枕藉乎舟中，不知东方之既白。

后赤壁赋
苏轼（北宋）

　　是岁十月之望，步自雪堂，将归于临皋。二客从予过黄泥之坂。霜露既降，木叶尽脱，人影在地，仰见明月，顾而乐之，行歌相答。已而叹曰："有客无酒，有酒无肴，月白风清，如此良夜何！"客曰："今者薄暮，举网得鱼，巨口细鳞，状如松江之鲈。顾安所得酒乎？"归而谋诸妇。妇曰："我有斗酒，藏之久矣，以待子不时之需。"于是携酒与鱼，复游于赤壁之下。江流有声，断岸千尺；山高月小，水落石出。曾日月之几何，而江山不可复识矣。予乃摄衣而上，履巉岩，披蒙茸，踞虎豹，登虬龙，攀栖鹘之危巢，俯冯夷之幽宫。盖二客不能从焉。划然长啸，草木震动，山鸣谷应，风起水涌。予亦悄然而悲，肃然而恐，凛乎其不可留也。反而登舟，放乎中流，听其所止而休焉。时夜将半，四顾寂寥。适有孤鹤，横江东来。翅如车轮，玄裳缟衣，戛然长鸣，掠予舟而西也。

　　须臾客去，予亦就睡。梦一道士，羽衣蹁跹，过临皋之下，揖予而言曰："赤壁之游乐乎？"问其姓名，俯而不答。"呜呼！噫嘻！我知之矣。畴昔之夜，飞鸣而过我者，非子也邪？"道士顾笑，予亦惊寤。开户视之，不见其处。

岳阳华容道，名副其实

《武昌志》曰："曹操自江陵追刘备至巴丘，遂至赤壁，遇周瑜兵，大败，取华容道归。"赤壁之战，曹操大败，走华容道。华容道在哪里？

长期以来，有五个地方称"曹操败走之古华容道"在本地。有鄂州华容道、潜江华容道、监利华容道、石首华容道、岳阳市华容县华容道。

公说公有理，婆说婆有理。各地旅游产业要做大做强，无不以开发历史资源为抓手。争来争去，关于正宗华容道，史界仍有五个狭义华容道说法。

第一个说法是：鄂州华容道。

第二个说法是：潜江华容道。

第三个说法是：监利华容道。

第四个说法是：石首华容道。

第五个说法是：从岳阳市君山区曹公渡、华容县东山镇路岭子口至江陵。

目前，只有第五个说法，在正史和方志中能找到历史记痕："曹操还于巴丘遁"，是有史载的"道"。具体情形是这样的：

208年，曹操欲进攻孙刘联军。曹军顺江东下巴丘，他志得意满，登君山欣然赋诗。然后顺江至三江口，被周瑜打败。至蒲圻赤壁（石头口），受周瑜、黄盖火攻，急逃返巴丘湖曹公洲，烧船后从曹公渡上岸，经岳阳地域的君山区、华容县，从桃花山路岭子口逃回江陵。

狭义的华容道是指桃花山路岭子口之山道。广义的华容道是指曹公渡至路岭子口北江陵。

历史的时间链是这样的：

"十二月，公自江陵征备，至巴丘……公至赤壁……"（《三国志·武帝纪一》）

"游君山，甚为真……"（《乐府二十六·曹操气出唱三首之一》）

"初，权遣瑜统兵与操遇与三江口。"（清嘉庆《巴陵县志》）

"初一交战，公军败退，引次江北，瑜等在南岸。"（《三国志·周瑜传》）

"往船如箭，飞埃绝烂，尽烧北船。"（《江表传》）

"曹公留曹仁等守江陵城，径自北归。"（《三国志·周瑜传》）

"十三年，曹操征荆州战败，还于巴丘遁。"（《巴陵县志》）

"巴丘湖中有曹洲，即曹公为吴所败烧船处，在今郡南四十里。致明则谓今县西但有曹公渡。"（范致明《岳阳风土记一卷》）

"后太祖征荆州还，丁巴丘遇疾疫，烧船，叹曰：'郭奉孝在，不使孤致此。'"（《三国志·郭嘉传》）

"倒马崖，县东北七十里，相传曹操与孙权及汉昭烈赤壁战败，从华容奔荆州，道经兹倒马崖，后世封以名崖。"（《华容县志》）

发令

赤壁之战前一年，207年春二月，曹操向全国发"丁酉令"曰：（作者注：非丁酉年号，208年是丁亥年。"丁酉"二字含最高统领权威之义。）

"吾起义兵诛暴乱，于今十九年，所征必克，岂吾功哉？乃贤士大夫之力也。天下虽未悉定，吾当要与贤士大夫共定之；而专飨其劳，吾何以安焉！其促定功行封。"

此史实充分言明，曹操决不是只打刘备。

曹操在令中特用了三个"定"字。第一个"定"字特别指出，现在天下还没有统一，那怎么办呢？他要与贤士大夫共定之。第二个"定"字，特别强调一统全国还得依靠贤士大夫们啊！紧接曹操为达到一统目的，就要定功行封。于是他大封功臣20余人，皆为列侯，其余各依次受封，连复死事之孤，均进行了抚恤。

丁酉令，是曹操吹响的向全国一统的进军号，也是他发动赤壁之战的前奏。

紧接着于次年208年正月至六月（农历，下同），曹操紧锣密鼓地训练水师，罢三公并自任丞相，于是曹操以皇帝名义向全国发号施令的权威性和合法性更强了，包括他想要采取的军事行动。

是年七月，曹操大举南征刘表；八月表卒子琮代，刘备屯襄阳对河樊；九月曹操自己才到新野。紧接他命曹纯与新降他的刘表水军大将文聘率轻骑五千一日一夜急行300

余里,追得刘备一行到当阳长坂差点丢了性命。在旬日间,兵不血刃,曹操取得荆州(江陵),获刘表水军七八万,物资无数。

曹操命文聘为江夏太守,现虽只是一纸空文(现江夏太守是周瑜,刘表也曾命刘琦为江夏太守),待曹操取得江夏后,文聘才可到职,此说明曹操近期目标是取江夏。

曹操不得不在江陵滞留3个来月(9-12月)处理一些棘手问题,如刘表旧部某些人面服心不服、奖惩用人等系列问题,包括顺江东下否等诸多问题。此举却给孙权、周瑜留下巧布兵阵的宝贵时间。

南征

刘备投靠久据襄阳的刘表已7年之久。刘表既尊他又防他,从未重用刘备。至此刘备既无自己独立的地盘,又无自己的强力军队,但刘备却深得民心。其中自称是皇室之胄,是得民心因素之一,也是曹操几次能杀他却没杀他的原因之一。

当曹操大军南下,刘表连病带吓死了,其子琮即位,才不到1个月,刘琮举众降。曹纯五千轻骑追得刘备到当阳长坂,是张飞据水断桥,赵云救主,才保住了刘备的命,而才入伙的诸葛亮,只是追随刘备逃命,没提出任何有力举措,寸功未立。

是时,刘备未顺江东下巴丘,而是"斜趋汉津"在江夏与关羽、刘琦会合。所以曹操"自江陵征备,至巴丘"

扑了个空。但曹操还是按他既定的一统全国目标顺江东下。亦可见曹操绝不是只打刘备、不打孙权，他要定天下。

在此，不少学者认为，曹操未穷追刘备是一大失误，且是曹操败北的重要原因之一，并说他自己分不开身，可派他人也要穷追刘备。

显见，曹操不只是打刘备，他的大目标是一统天下，近期目标是取江夏，为此，他要顺江东下。

谋士贾诩反对并进言说，"明公昔破袁氏，今收汉南，威名远著，军势既大，若乘旧楚之饶，以飨吏士，抚安百姓，使安土乐业，可不劳众而江东稽服矣。"

在此，贾诩并未揭示曹操欲东下有何不利，只讲了只要自己强大了，孙权自然会臣服的，你现在不必打过去。由此可见，贾诩也心知肚明，曹操是要一统天下，并非只打刘备。

曹操在旬日间，兵不血刃就取得了荆州，水军也壮大了，刘备也逃亡了。在此大好形势下，不乘势顺江东下取江夏就不是曹操了。

130多年后的《三国志》注家裴松之说得好："贾诩之谋未合当时之宜，将此既新平江汉，威慑扬越，资刘表水战之具，借荆楚楫棹之手，实震荡之良会，廓定之大机，不乘此取吴，将安俟哉？"

裴松之这段话说到曹操心坎里去了。此刻曹操必顺江东下。他本人、他的主力，特别是强大的水军在江陵，三个月来曹操在江陵既安抚了刘表降将，接收了大量兵员和战备物资，又实为顺江东下做了充分的思想和物质准备。

曹操从江陵顺江东下，正如俗话所说："就汤下面！"而欲从汉水顺流而下，最要命的是因汉水流量太小，大船无法通过至江夏。

"公自江陵征备，至巴丘。"（《三国志·武帝纪一》）曹操就这样顺江东下，首站就来到巴丘（湖南岳阳）。从此始，请读者注意，你能很快见到真实的蒲圻赤壁，至于不少学者说的什么黄州赤壁、汉阳赤壁、汉川赤壁、钟祥赤壁、江夏赤壁都不复存在，因曹操根本没到那儿去。

著名方志《岳阳风土记》载：曹操自赤壁返巴丘烧船，也是在巴丘湖"曹公洲"，又一次说明曹操顺江东下，首站到了巴丘，而蒲圻赤壁与正史《三国志·武帝纪》"公自江陵征备至巴丘"记载的是一致的。

曹操还是以征刘备为幌子，实则是做给孙权们看的："只要你孙权不挡道，让我曹阿瞒过去，就没你们的事。"

初战三江口，引次江北

游君山不几日，曹操就在巴丘三江口与周瑜交战。巴陵县志如是说："初，权遣瑜统兵，与操遇于三江口。"权威的清嘉庆《巴陵县志》明白记载，208年，孙权命周瑜统兵，与曹操在巴丘三江口初次交战。

而初战结局，《三国志·周瑜传》说得明白："时曹公军众已有疾病，初一交战，公军败退，引次江北，瑜等在南岸。"曹操不得不接受现实，听从周瑜的"安排"。

三江口交战曹操败退后只能布兵于长江北侧水域。《辞海》释义"引"字为：领，退却。"次"为临时驻扎，也指途中停留的场所。骄傲的曹操，此时何等被动。

周瑜等在南岸。这个"等"，应包括刘备部。

周瑜占据长江（实早已占据）南岸三江口、巴丘城、陆城、太平湖（黄盖湖）、陆口、麻屯保屯（206 年周瑜已攻下）直至夏口，诸多重要江防要塞均早在周瑜掌控之内。而曹操兵力就只以 20 万计，一字排开于长江水域至少有 5 公里长并暴露着。周瑜、黄盖主力隐没于太平湖（黄盖湖）上游灯窝山。

曹操以陆战为强项，水战恰是其短板，在此几乎发挥不了作用。其大舸在隆冬狭窄水域几乎难以运作。

赤壁之战败退巴丘湖

接下来曹操更被动。引次江北乌林不久，又遭周瑜火攻。大火从江南赤壁烧过来，曹操又不得不急忙逃离，败走华容道。

从乌林逃离，至乌林背后云梦大泽，遇雾迷道。此乃冷锋面雾，持时很短。曹操趁顺北风返巴丘，至巴丘湖曹公洲。

《三国志·郭嘉传》曰：后太祖征荆州还，于巴丘遇疾疫，烧船，叹曰："郭奉孝在，不使孤致此。"

这段话明确记载如下几件事。曹操是从乌林返回了巴丘；在巴丘又遇到了疫病；在巴丘湖烧自己余船；如果他最钟爱的谋士郭嘉在，他不至于败得如此惨，他承认了自己失败。

《巴陵县志》记曰："十三年，曹操征荆州战败还于巴丘遁。"但未讲在巴丘烧船具体地点。

《岳阳风土记》则明确记载："在巴丘湖曹洲（又名曹公洲）烧船。"《岳阳风土记一卷》（作者范致明）记载："巴丘湖中有曹洲，即曹公为吴所败烧船处，在今郡南四十里。致明则谓今县西但有曹公渡。"

此史载十分明确，曹操从乌林返回他东下巴丘时的那个地方并烧船，并未去江夏黄州等赤壁，更未去汉水那个潜江华容道。曹操根本未到那儿，也无需到那儿。

"还于巴丘遁"。五个字讲了曹操乌林败北后他的两大行踪。一是返回的是巴丘，二是从巴丘遁逃，往那方遁？巴丘华容道。

有学者说，曹操到巴丘烧船后，又返回乌林并通过云梦大泽到汉水那个潜江华容道去江陵。你相信吗？大家是不相信的。他能够返回乌林吗？近路好路不走，要走远路、走险路？

近路好路就是巴丘华容道：曹操在巴丘湖曹公洲烧船后，从曹公渡上岸，经君山区全境，过天井山进华容县东山镇桃花山路岭子口，翻过山，山的另一边就是长江边，过江就可直抵江陵城。

广义的岳阳华容道，自东端君山区"曹公洲""曹公渡"，至西端华容县东山镇桃花山路岭子口去江陵。

狭义的华容道是指华容县东山镇桃花山路岭子口望夫山与昂头山之间的山间通道。

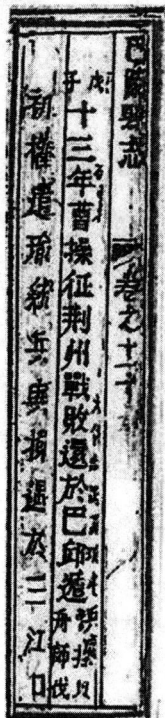

图5　　　　　　　图6

　　自巴丘湖曹公渡至江陵全程约百公里，路况均佳。此路三分之二为平坦湖洲滩地，苇芦丛生，雨天道路泥泞。三分之一是低山冈和山间盆地。

桃花山的华容道遗迹

　　桃花山侧卧于长江南岸，群峰耸立，山回路转，连绵百里。是湖南岳阳市华容县与湖北荆州市石首市的界山。山的东边，是华容县东山镇，依山建成桃花山省级森林公园，全长 22 公里，平均宽约 10 公里，总面积 3861 公顷。山的西边是石首市桃花山镇，依山建成桃花山生态园，占地 300 余亩。

狭义的华容道是指桃花山路岭子口望夫山与昂头山之间的山间通道。

倒马崖。在路岭子口沿枫林下的斜径石级走一两里就是倒马崖。

这里周围山峰壁立，不见出路，人犹在井底，天在头顶。两侧高山如刀削一般，中间通道丈余。疑心甚重的军事家曹操到此，只怕也吓得坠下马来，加之关羽横刀拍马，或有绊索横道，曹操就不得不"坠马"了。

明万历四十年（1612 年）《华容县志》（翰林孙羽候主修)《舆封·山水》载：倒马崖，俗称曹操赤壁战败，从华容奔荆州，道经兹崖，马坠，因以名。

台湾成文出版社有限公司印作的《中国方志丛书·华容县志》之《山水》也载："倒马崖，邑东七十里，俗称曹操战败由华容走荆州道经此马坠，因以名。"

斩龙石与银杏树。一块条石破山腾空，横在路顶，后人曰"斩龙石"。

曹操在华容道被关羽义释，关羽送曹操到娘娘湖，二人泣别，曹操沿娘娘湖边逃往江陵去了。关羽没走回头路，就沿湖边通往桃花山的青竹沟小道，默然而归。这时，路口一龙欲出。关羽挥刀砍下龙头，其龙身却变成了石头。

斩龙之后，关羽见银杏树满山，就亲手又植一根。此银杏已 1800 多年了，现高 40 米，围 9 米，苍翠如墨，荫蔽一两亩呢。

寨子岭与杀猪港。"古港清泉岸上流，悠悠岁月几千秋。遗石巍吼今犹在，翼德粗中有大谋。"这是诗人何祚曙曾以《张飞遗石》为题赋此七绝赞张飞屠猪劳军。

寨子岭位于桃花山中部，北靠万里长江，南倚八百里洞庭。山势雄伟，四面峭拔，易守难攻，历来为兵家必争之地。

相传三国时，关羽在寨子岭之北，释曹斩龙，张飞在寨子岭山下的杀猎港宰猪犒将。今有一坚石传为张飞杀猪磨刀之石。此港因而得名。

元末沔阳渔家之子，当守县吏的陈友谅驱胡起义曾在寨子岭安营扎寨为大本营。1355 年兴兵起义，后自称皇帝达 4 年之久，据说山脚的"仙鹅寺"乃陈友谅后人为纪念"先帝"所建。

狭义华容道除上述名胜外，还有娘娘庙、娘娘湖、刘备孙夫人"望夫山""汉昭烈帝庙"等诸多遗迹。令人称奇的是，至今这一带孙姓居民甚多，家谱上有记载乃孙权后裔。

华容县东山镇至今留下歇后语：

曹操败走华容道——走对了路子。

曹操败走华容道——绝处逢生。

附录1：

读《三国志》，三问曹操

李连芳

中国有六个赤壁，五个华容道，说其在那儿的理由几乎都有出处，甚或以权威发声想压倒一切。笔者系一历史学门外汉，但细读正史《三国志》惊奇地发现，不知为何几乎所有学者既没什么新史料，更没问曹操想到哪儿？能到哪儿，事实上到了哪儿？在哪儿有何言行？就笃定赤壁、华容道在他那儿！是否有点先验论？

一问曹操知赤壁吗?

如果从《三国志》和您发现的权威方志新史料，回答曹操如下四个问题，定能找到真赤壁和真华容道在哪儿，为此，笔者就来找一找。

第一个问题是曹操想要到哪儿去？第二个问题是他要干什么？对此《三国志·武帝纪一》讲得明白，建安十二年（207年）二月赤战前一年，曹操向全国发丁酉令，是为了一统全国，其"丁酉"二字含最权威最高之义。次年正月至六月，曹操紧锣密鼓训练水军，罢三公，自任丞相，于是以皇帝名义向全国发号施令的权力和合法性更大了。七月，曹操大举南征刘表，九月，曹操命曹纯和刘表水军降将文聘率5000轻骑一日一夜行300多里追刘备到当阳长坂，刘备差点丢了性命。

曹操在旬日间，兵不血刃取得了荆州（江陵）得刘表水军七八万，物资无数。曹操不得不在江陵滞留三个来月，就到了208年农历十二月（209年1月），他任文聘为江夏太守，现虽一纸空文，现江夏太守是周瑜，只有攻下江夏，文聘才能到职，但此说明曹操近期目标是取江夏。此就回答了曹操要到哪里去，他要干什么。

《三国志·武帝纪》又说："十二月，公自江陵征备至巴丘。"《乐府诗集》卷二六《气出唱》三首之一记述了曹操在巴丘游君山并赋诗。说明曹操顺长江东下到了巴丘。此距湖北蒲圻赤壁就不远了。与赤壁只一路之隔的湖南临湘县志又明白记载，周瑜、黄盖已驻重兵在蒲圻赤壁（石头口）上游九公里的太平湖（黄盖湖）灯窝，且只一个太平口与长江相通，是进得来出不去的一夫当关万夫莫开易守难攻绝佳战场，周瑜择此与曹操决战，显示了周瑜不愧为杰出的军事家，果真赤战火攻乌林就在此开打。曹操游君山后，在巴丘三江口与周瑜初战并失利。

第三个问题是曹操能到蒲圻赤壁，并在此开打吗？那么，赤壁不就在蒲圻吗！那时的赤壁不叫赤壁，叫石头口。曹操到了那个地方，遭遇了火攻，后人便称石头口为赤壁。

不少学者说曹操有赵俨七军兵团走汉水东下江夏，所以有汉川、汉阳、钟祥、江夏等地赤壁之说，有潜江、鄂州、武昌等华容道之说，不知权威学者知不知因汉水流量仅长江的十八分之一，稍大船只都不能通过，为此曹操做数千竹簰顺汉水下，可周瑜也不是省油的灯，早侦知并以数百小船纵火烧了，曹操只得夜走。所以曹操并未能顺汉水东下江夏，故沿汉水所有赤壁、所有华容道均不复存在。还有学者说曹操还走了长江与汉水相连的夏水，但此水是"冬竭夏流"，更不可能通航。

曹操想不到巴丘、乌林赤壁（经此到江夏），孙权、周瑜很快驻重兵于此，曹操只能在此停留。于是有了蒲圻赤壁（石头口）。

在此读懂了《三国志》，所以找到了真赤壁，尽管此处原先称石头口，后来才称赤壁，也无妨。反正是在蒲圻这个地方发生了战争。

二问曹操知华容道吗？

真华容道在哪？同样得从正史《三国志》中寻找，并问问曹操乌林败后返回到哪儿？事实上到了哪儿？在哪儿干了什么？留下了什么印记？下面一一读史来作答吧！

《三国志·郭嘉传》首先回答说："后太祖征荆州还，于巴丘遇疾疫，烧船，叹曰：'郭奉孝在，不使孤致此。'"此载说曹操赤壁败后返回巴丘，他在巴丘遇到了疾疫，做了一件事，就是烧船，但未讲在巴丘什么地方烧了船，对此，权威方志《岳阳风土记》则明确回答是在巴丘湖上曹洲烧船。

烧船后曹操又怎样？权威方志《巴陵县志》又说得明白：

"十三年（208年）曹操征荆州战败，还于巴丘遁。"

好一个"还于巴丘遁"，就是说曹操从乌林返回巴丘烧船后是从巴丘遁逃的嘛！对此，该志又说在巴丘湖曹公洲附近有一个曹公渡（在三江口濠河西北边）曹操烧船后上的华容道，即曹公渡是巴丘华容道起点，往西北至华容县东山镇领子口去江陵，华容道全程百余公里，且路况均好。

如此清晰，如此具体的华容道，曹操才能顺利回江陵。

可见，只有如此读懂《三国志》才可找到真赤壁真华容道。

三问，证明了华容县位置就知华容道在哪吗？

学者张修桂先生好像极有理由证明了华容县在汉水中游南的潜江县龙湾。他说："确定了华容县故址'华容道'贯穿于今江汉平原中部的具体走向就清晰可辨。"

此话差矣，"华容道"是因曹操走过的那条路才叫华容道，没证明曹操走过此道，怎么能断然说此华容县就是曹操曾走过的那条华容道？既不符基本逻辑又不符史实，是典型的先验论者。

当然张先生也证明了曹操走了他证明的华容县。然而其证词、论据连局外人一眼看去都深觉荒唐。说是曹操返回巴丘烧了他的后援船队，又返回乌林战场，并从乌林走张先生划定的华容道，又说曹操避免了灭顶之灾，惊喜过望回到南郡。

请问，曹操既回到了巴丘，却又傻乎乎地重返近百里的战场，并奇迹地走出深不可测的云梦核心区，曹操不真成了傻瓜蛋吗？他能走出无底深渊的云梦核心区吗？莫说马，连鸟都恐难飞过。且曹操从巴丘返乌林时又正是冷锋天后面朔北风非常恶劣天气，返战区往云梦核心区走不是往死里走吗？而巴丘华容路程既短，路况均好，又避开了周瑜刘备从水路追击。只有巴丘华容道才能让他起死回生，曹操走那条人为设定的潜江华容道真有点像新天方夜谭呢！

另外，是火烧乌林，不是火烧赤壁，否则孙吴是自焚。可至今，著名影视、学者、文学艺术等都在喋喋不休大谈火烧赤壁，这至少在客观上是反科学、反历史的。

附录2:

一个气象科技工作者眼中的华容道
李连芳

鄙人在四川、山西数年,在南方从事气象科技工作近一个花甲,经历过数以千计"一日南风三日到,三日南风狗钻灶",昨天还艳阳高照,偏东南风劲吹,今日却瑟缩寒雨,朔风飘雨(雪),此种天气以冬春尤甚,学者们说来道去的赤壁之战就发生在现代气象学这种称之为"冷锋天气过程"中。而晋阳北方就见不到这种天气,故曹操来到江南乌林就不怕火攻,以为江南与北方一样。

周瑜打了场现代气象战

所谓"气象战",指利用自然气象条件或积极影响大气过程(如人工增雨)使敌方处于不利,我方处于有利的作战行为。古今中外,举不胜举。如二战的诺曼底登陆,中国人民解放军解放海南岛利用有利风向等都是气象战的典范。

而在冷兵器的三国时代,周瑜利用偏东风火攻兵力五倍于周瑜的曹操大获成功,是运用"气象战"最得法之先例。

周瑜宿将黄盖在献策火攻时说:"今寇众我寡,难与持久,然观操军方连船舰,首尾相接,可烧而走也。"黄盖首先实事求是地看到了我方兵力毕竟只是曹方的五分之一,不能打持久战；二是对方的船因不习水战，将船连在一起，利火攻，其"可烧而走也"五个字，还深含周瑜、黄盖的熟知隆冬有东风之气象常识，我方处上风方，可烧向处下风方的曹营，而"偏东风"就是锐利的"天气武器"，所以是"时风盛猛，悉延烧岸上营落"和"往船如箭，尽烧北船"。

所以，学人叶圣陶先生于1945年底至1946年初自重庆乘船回上海，目睹隆冬之季强偏东风，致扎锚停船后在他的《日记三抄》中感言："鄂西一带在隆冬，天晴吹东南风，周瑜们熟知，故有赤壁之战。……而所谓借东风，不过是周郎利用曹操所不知的这一自然条件罢了。"笔者也统计了蒲圻、临湘、岳阳等沿江气象站百年风史料，冬天的确有强偏东风。

可见，东风绝非诸葛亮装神弄鬼祭来的，而是周瑜们熟知才大胆火攻。

曹操趁顺风上华容道

"华容道"在哪儿？学界争论不休。在我这个门外汉看来，很简单，真华容道在湖南岳阳华容县，史实也具体。曹操是在乌林后的云梦大泽，遇那个锋面雾迷道不久（此雾持时很短即括强北风），他趁强北顺风到湖南岳阳巴丘湖曹公洲烧余船后并就近去曹公渡上（此即华容道起点）巴丘华容道，并经今君山区全境天井山至华容县东山镇路岭子口"倒马崖"（当年曹操倒马之处）去江陵，全长百余公里，此乃学者，而非气象专业人士李春阳先生15年研究成果。本气象人完全可证实。

对此，权威古志《巴陵县志》载："十三年，曹操征荆州战败，还于巴丘遁。"好一个"还于巴丘遁"，不明白不过地证说，曹操就是从湖南岳阳巴丘上的华容道嘛。《三国志·郭嘉传》也说："后太祖征荆州还，于巴丘遇疾疫，烧船……"不又有力证明了曹操乌林兵败之后，返回巴丘烧船吗？权威古志《岳阳风土记》又回答了《郭嘉传》没交待在巴丘哪儿烧船：在曹公洲烧船。如此清晰地相互记述曹操是回巴丘上华容道的，"还于巴丘遁"五个字就明确地说明了。

曹走的华容道就是巴丘华容道

赤壁之战，特别是火攻乌林（不是火烧赤壁，否则必自焚），周瑜方念的是气象经，而华容道贯穿由东风转北风并雨寒交加的常见天气过程，而曹操是顺强北风返回巴丘烧船上的华容道。

曹操乌林败北后，猴急逃离，遇大雾迷道后（锋面雾持时很短）很快趁强北顺风回到巴丘烧余船后上巴丘华容道去江陵，即"还于巴丘遁"。且遇泥泞，羸兵负草填之乃得过，此乃那个典型的冷锋天气前锋，过了乌林、赤壁多时了，到了锋（冷暖空气交界面）后一天或二天了，此天气过程，十分精准。

可有学者说，曹操沿江溃败之后，尽焚江上残余战船和巴丘湖上的后援舰队之后，返回乌林率残部自乌林沿"华容道"向江陵逃窜，此学者讲的那个华容道是距乌林

150 公里的汉水南的潜江华容县，其中有 40 公里云梦大泽核心区。

在气象人眼里，当时风雨交加，天气十分恶劣，难道曹操返回了巴丘湖烧了船，又逆大北风再次返回上百里外的乌林吗，他不怕又遇上周瑜守兵吗？再从那个须经 40 公里的淤泥无底且不可能逾越的云梦核心区风雨兼程去那个学者考出的华容去江陵？听起来有点天方夜谭。想必如此精明的曹操决不可能上此当。曹操从巴丘湖曹公渡走那个顺畅的华容道，必是他早侦知。

此学者庆幸地说："所幸的是，艰难走出云梦大泽之后……避免了灭顶之灾。曹操终于惊喜过望地逃回南郡。"不知曹操是怎么避免那个灭顶之灾的，他避免不了，如他走那个华容道的话。

《山阳公载记》即汉献帝记说："遇泥泞，道不通……"那个华容道云梦泽 40 公里核心区绝不只是泥泞，必是深不可测的淤泥深渊，因此刻正遇上风雨交加，曹操的人马更不可过，必陷入无底深渊，对此，曹操是不可能惊喜过望地回到南郡的。特别是曹操返回了巴丘，竟又返回乌林战区，那不是傻吗？

至于还有鄂州华容道和监利、石首华容道之说，也很简单，看当年曹操要不要到那儿去，能不能到那儿去。当时曹操顺江东下巴丘，并与周瑜在巴丘三江口打了一仗，并初战失利后引次江北，其船队就一字排开于蒲圻赤壁乌林一侧水域，再没向前一步，自然苏东坡唱的那个黄州赤壁和华容道只是子虚乌有。而石首与监利华容道，曹操既没到那儿也没必要到那儿去，因曹操已顺北风自乌林到了巴丘湖烧船后经曹公渡，很方便地上华容道，他还向北弯到石首、监利干什么？且那两地那时处云梦大泽南端，尚无今日之荆江大堤，往前走是河网式漫流泽地，曹操绝不会走那弯路泥泽路。

可见，华容道只能是在湖南岳阳华容，早已是无可辩驳的。

附录 3：

"华容道"游戏棋

　　世界三大著名的益智游戏，一是中国"华容道"，二是匈牙利魔方，三是法国独立钻石棋。"华容道"游戏棋，又称"捉放曹"，起源于上古时代的河图洛书，完形于三国时，至宋代发展成九宫格棋。"华容道"游戏现在样式是1932 年 John Harold Fleming 在英国申请的专利，并且还附上横刀立马的解法。这是外国人用外国制定的规则抢注中国发明创造的一个实例。(见图 7)

图7

　　三国赤壁之战，东吴大将周瑜以一比五的弱势兵力大胜曹操。曹操自乌林率部经长江逃至巴丘（今岳阳）曹公渡。上岸后途经今君山区逃往西北，入华容县东山镇桃花山"华容道"，翻山回到江陵。其间后有东吴将领的追兵、西蜀的伏兵。关羽为了报答曹操对他的恩情，明逼实让，捉曹放曹，终于帮助曹操逃出了华容道。后人根据这一史料发明华容道游戏棋。

　　华容道游戏棋是一个带 20 个小方格的棋盘，代表华容道。棋盘下方有一个 2 方格边长的出口，是供曹操逃走的。棋盘上共摆有 10 个大小不一样的棋子，它们分别代表曹操、关羽、张飞、赵云、马超、黄忠，还有 4 个卒。其中曹操的体量最大，占 4 格，五虎将各占 2 格（其中，关羽是横着放；张飞、赵云、马超、黄忠是竖着放），兵卒占 1 格。另留 2 个空格。

　　游戏规则是：通过 2 个空格移动棋子，用最少的步数把曹操从初始位置移到棋盘最下方中部，从出口逃走。不允许跨越棋子，还要设法用最少的步数把曹操移到出口。

　　据称，"华容道"有几十种布阵方法，如"横刀立马""近在咫尺""过五关""水泄不通""小燕出巢"，等等。"横刀立马"解法共 81 步。妙趣横生，变幻莫测。

巴丘六贤祠，周瑜居祠首

巴陵县志记载着六贤祠，在县北门月城上，其前身是明朝建成的五贤祠，五贤是指三国时期吴国的周瑜、鲁肃，唐朝的张说，宋朝的滕宗谅（即滕子京），明朝的陶宗孔。康熙六年复又推出官连应，改五贤祠为六贤祠。周瑜居祠首。历史上在岳为官为将者如过江之鲫，先人独将周瑜推六贤祠首，足见周瑜德才之尚。

岳州府巴陵县名宦表，周瑜排第一，鲁肃排第二，万彧排第三，陆凯排第四。

岳阳，蕴蓄着浓得化不开的三国情结。岳阳人对周瑜，更是人见人爱，花见花开。

《三国演义》作者罗贯中出于他褒刘贬曹的政治目的需要，将周瑜塑造成一个小人，其民间形象则更是一塌糊涂。那么，历史上真实的周瑜究竟是怎样的呢？周瑜，奇才也！

出生不凡

东汉灵帝嘉平四年（175年）农历六月十八日，扬州庐江舒县（今安徽庐县西南）周太尉府生了一个男孩。其父周异时任东汉皇都洛阳令。其妻何氏没跟丈夫长居洛阳官舍，而随婆母住老家舒城太尉府。

小孩平安出生后，周府上下一片欢喜，立刻派人上洛阳按祖制向周异报喜，并求给儿子赐名。

周异得报无限高兴，公干稍暇，就满脸笑意地私下思索纵横搜索辞章，文思不断，忽然眉开眼笑地一拍脑门惊呼："有了!""怀瑾握瑜!"周异思绪中出现了屈原《怀沙》中不就有"怀瑾握瑜"的诗名吗! 于是给儿子起名瑜，字公瑾。

周瑜完美的品德，正如家父给取的名字，闪耀着美玉一般的光辉。

周瑜与孙策是发小

《三国志·吴书一·江表传》曰："坚为朱隽所表，为佐军，留家著寿春。策年十余岁，已交结知名，声誉发闻。有周瑜者，与策同年，亦英达夙成，闻策声闻，自舒来造焉。便推结分好，义同断金，劝策徒居舒，策从之。"

这就是《三国志·周瑜传》中所说的："初，孙坚兴义兵讨董卓，徒家于舒。坚子策与瑜同年，独相友善，瑜推道南大宅以舍策，升堂拜母，有无通共。"

孙策出生于该年五月端阳节，大周瑜 27 天。当孙策父亲孙坚忙于讨专权者董卓，无暇顾及家小时，年幼的周瑜建议孙策全家搬到我家去吧! 孙策立马就同意了他的好心建议。

当年，孙策不过十二三岁，弟孙权小他七岁，（古时均以虚岁算），是时也不过五六岁，下面还有孙翊、孙匡及妹妹孙尚香，均非常小，加上使女等共计不下 15 人都来到周家。

　　周瑜按家母吩咐，将孙氏一家众人安排到向南向阳最好的那套大房子居住，并命使人一一安排孙家之宿食，这就是《周瑜传》记载的："瑜推道南大宅以舍策，升堂拜母，有无通共。"

　　周瑜母亲何夫人不但颇具文才，且于音乐、武术均有相当素养，为两家孩子计，又专聘名师在太尉府第开办庠序（私塾学堂）让他们从师受业，攻读经史和习武。周瑜、孙策二人是书庠的优等生，他二人常是成对成双出入庠学，在家中常抵足而眠，如一对双胞胎。当先生要学生轮流单独在全体师生面前讲解某一经史的义理时，轮到孙、周二人时，他俩均能行经抚典，侃侃而谈，并有自己独到的见解，令人赞叹。孙策后来说，周公瑾英俊异才，与孤有总角之好，骨肉之分。

读经习武，精通音乐

　　周瑜与孙策，在双方家母引严师从学以来，每日读经习武，从不辍学，且常常提出问题，乃至令严师也觉不一般。

　　周瑜母亲何夫人娘家崇尚武功，她出嫁前曾从父兄读书习武，并善琴、棋、书、画，成为文武貌三全的奇女了。与周异喜结良缘后，不仅给儿子创立了良好的读史习武之所，并言传身教，延请文武名师教孩子们习武艺，读兵书，而操琴弹唱。当时的《广陵散》等名曲更激起了儿子周瑜的音乐潜质，使周瑜后来不但成为一代名将，而且精于音乐。

周瑜曾对他母亲动情地说："孩儿生于此乱世，又在文武世家，要习好文更要习好武。"因此，他精读经史，又勤而习武，与他母亲的教诲大有关系。那时的周瑜虽不会讲今日之言，如保家卫国等，实际上他自幼就认为男儿当自强，丝毫看不到什么"高、富、帅"的优越感。

《三国志·周瑜传》记曰："瑜少精意于音乐，虽三爵之后，其有阙误，瑜必知之，知之必顾，故时人谣曰：'曲有误，周郎顾。'"

是说周瑜年少就精意于音乐，特别能听乐，即使饮了三升酒（一升等一市两），或在做他事，旁边有人弹琴，出了错，他也能听出，并当场指出错处，即便些微差错，他也能听出。

弹琴者多为年轻女子，为能博得这位美男子多看她一眼，往往将曲谱故意弹错，为的是让周瑜多看她一眼，更望周瑜亲自上前指正……

魏晋后，"周郎顾曲"常作典故被各大文豪所引用，并常出现在各类诗歌、曲艺等文学作品中，唐人李端《听筝》诗就赞曰：

鸣筝金粟桂，素手玉房前。

欲得周郎顾，时时误拂弦。

此诗记述的就是，年轻女子为博得周郎多看她一眼，而"时时误拂弦"。

十八少年初露锋芒

骑射、弓弩功夫了得的孙策和周瑜，此刻还不过是十七八岁的青少年，却都已驰骋疆场，之所以如此，首先让我们看看东汉末年的政治态势便知底里。

在长时间外戚与宦官交替专权折腾下的东汉中、晚期，民不聊生，"铠甲生虮虱，万姓以死亡，白骨露于野，千里无鸡鸣"的惨况引发了历史上有名的"黄巾起义"，为镇压黄巾起义，形形色色的军事势力相继出现，黄巾军被镇压下去后，各路军阀云集雾合，争霸竞胜，先有董卓专擅朝政，后有各路诸侯趁机崛起。当时割据一方的地方大军阀有：淮南袁术，兵粮足备，称霸一方；冀州袁绍（袁术兄)，地广民众，人才济济；荆州刘表，据用武之国，撼震九州；西蜀刘璋，有天府之国，国富地险。后董卓专权时，有包括曹操在内的十八路诸侯群雄纷争，这就是东汉末年的政治军事格局。

孙策父亲孙坚参与讨伐董卓，是袁术的部下，后孙坚被刘表部下黄祖所害，孙策存报杀父之仇之心，带了一路人马，投奔袁术，袁术虽很欣赏孙策这位少年英雄，并一次次说要给什么什么职务，可就是不兑现，为此孙策看到袁术是终不能成大器的人。

且孙策早有回江东自创基业的宏愿。于是他求见袁术，并痛哭着对袁术说，为报黄祖杀父之仇，请袁术还他父旧部之兵，袁术不肯，并说你去找你舅舅吴景，我让他当了丹阳太守，他那儿好招募兵源。孙策去了，只招了几百人，却被县大帅祖郎所袭，于是孙策再去见袁术，袁术才以其父孙坚余兵千余人还给孙策。

恰在此时，扬州刺使刘繇把孙策的舅舅，丹阳（今安徽宣州，又称曲阿）太守吴景及从弟孙贲驱逐出境，还在长江边上布下了重兵，这对袁术来说是个威胁。孙策抓住这个千载难逢之机，主动向袁术请求带兵到江东讨伐刘繇，袁术也不是省油的灯，他想既可借孙策之手解除刘繇对自己的威胁，又可以让孙策、刘繇拼个鱼死网破，自己可坐收渔利，袁术于是同意了孙策的建议，并立即拨了一千人马给孙策。

孙策虽年少，可他比袁术要深沉得多。孙策带着人马向南挺进，一路上，他招兵买马，不断扩充队伍，积蓄给养，到达历阳（今安徽和县）时，队伍已壮大，并和舅舅吴景的队伍胜利会师。

孙策的队伍浩浩荡荡来到江边，却遇到了个意想不到的问题——江边船只很少，要在短时过江是不现实的。孙策不停地在江边踱步，双眉紧锁。突然，那一丛丛摇曳的芦苇跃入了他的眼帘，他紧锁的眉头舒展了，大声命令道："全体将士立即砍伐芦苇，扎筏渡江！"一声令下，数千将士齐心协力，很快扎就了许多筏子，江面上出现千筏竞渡的壮观景象。

孙策的队伍一举冲上江东岸，攻占了牛渚（今安徽当涂西北），夺得了大量粮草和军械，紧接又诱使刘繇的部下笮融开门出城，伏兵突然杀出，直杀得笮融人仰马翻，抱头鼠窜。孙策乘胜进击，没多久，就打下了曲阿（今江苏丹阳），龟缩城中的刘繇被孙策势如破竹的气势吓得弃城而逃。

对此，《三国志·吴志一》《江表传》有如下详尽记述："策时年少，虽有位号，而士民皆呼为孙郎。百姓闻孙郎至，皆失魂魄，长吏委城郭，窜伏山章。及至，军士奉令，不敢虏略，鸡犬菜茹，一无所犯，民乃大悦，竞以牛酒劳军。刘繇既走，策入曲阿劳赐将士，遣将陈宝诣阜陵迎母及弟。发恩布令，告诸县，其刘繇、笮融等故乡部曲，来降首者，一无所问；乐从军者，一身行，复除门户；不乐者，勿强也。旬日之间，四面云集，得见兵三万余人，马千余匹，威震江东，形势转盛。"

孙策领兵攻下曲阿，秋毫无犯，当地人喜称孙策为孙郎，以牛酒欢迎之，孙策入曲阿慰劳将士，又派人将母及弟接回，并广发布命令说，如降者不问迎之，如不愿留者听便。如此仁义之师，在旬日间得3万余人，马千余匹，孙策之名威震江东。

就在这节骨眼上，孙策驰书周瑜。对此，《三国志·周瑜传》记载："会策将东渡，到历阳，驰书报瑜，瑜将兵迎策。"周瑜带来了多少兵呢？《三国志·孙策传》曰："策乃说术，乞助景等平是江东。术表策为折冲校尉，行殄寇将军，干财千余，骑数十匹，宾客愿从者数百人，比至历阳，众五六千。"

周瑜将兵迎策，使孙策的队伍从不足两千，一下子猛增至五六千，故孙策十分高兴地说："吾得卿，谐也。"

原来，周瑜收到孙策要东渡的书信后，千方百计筹措巨资，抓紧招募兵勇，打造船只，预先做好充分准备，单候孙策大哥的到来，一起打回老家江东，创一番事业。

周瑜为一心辅佐孙策，辞去了袁术给他的居巢县长职务（鲁肃为东城县长皆辞去）。一是看到袁术终将无所成，更重要的是要去辅佐老兄孙策成就一番事业。此刻，袁术看到周瑜是个大人才，要留他为将，周瑜毅然不为所动。

很快，周瑜跟随孙策攻打横江、当利，皆拔之。乃渡江击秣陵，破笮融、薛礼转下湖熟、江乘，进入曲阿，刘繇败走，此刻，孙策之众已达数万之多。

此后，孙策变更地方官位，他自领会稽太守，复以吴景舅舅为丹阳太守，以从弟孙贲为豫章太守，分豫章为庐陵郡，以贲弟辅为庐陵太守，丹阳朱治为吴郡太守。彭城张昭，广陵张纮、秦松、陈端等为谋士。此时，袁术称帝，孙策致书与之断绝关系，而曹操借天子之名封孙策为讨逆将军，吴侯。《吴历》曰："曹公闻策平定江南，意甚难之，常呼：'猘儿难与争锋也。'"

曹操为拉拢孙策，将其弟之女配孙策小弟孙匡，又让他儿子曹章讨孙策从弟孙贲之女为媳，这场政治婚姻虽说辈分上有点乱，可为了政治目的，也只能将就了。曹操又促成了每州才一名的"茂才"给孙策弟孙权，可见其良苦用心，也可见，此刻孙策势力之大了。

孙策与周瑜接连取横江等八城，刘繇败走后，孙策对周瑜说，我现在取吴会（泛指江东）平山越（叛乱的山区少数民族）的能力已经具备，你去镇守丹扬。周瑜立即启程赴任。

这一年是建安三年（198 年），他二人均才 23 岁！

先前，策与周瑜率两万人突袭皖城，克之。此后其老臣张昭，老将程普、黄盖、韩当、甘宁、吕范等一千人马均回归江东，为孙氏创业江东起到了不可替代的作用，不愧为孙策兄弟一笔不小的人力资源。

孙策攻庐江太守刘勋获兵二千余人，船千数，遂前进夏口攻刘表部。其领兵将名单如下：

周瑜	江夏太守	行建威中郎将
吕范	桂阳太守	行征虏中郎将
程普	零陵太守	行荡寇中郎将
孙权		行奉业校尉
韩当		行先登校尉
黄盖		行武锋校尉

此刻，周瑜职位高于老将黄盖、韩当，与老功臣程普职级齐平，可见年轻周瑜的战功及德才。

孙策以上述新老将领兵于兴平二年（195 年）十二月八日到黄祖所屯沙羡县，十一日周瑜等部同时俱进，跨马栎陈，手击急鼓，以齐战势。吏士奋激，踊跃百倍，心精意果，各竞用命。越渡重堑，迅疾若飞，火放上风，兵激烟下，弓弩并发，流矢雨集，日加辰时，祖乃溃烂。锋刃所截，焱火所焚，前无生寇，惟祖奔走。获其妻儿男女十，斩虎、韩晞以下两万余级，其赴水溺者两万余口，船六千余艘，财物山积。虽刘表未擒，黄祖逃脱，而祖家属部曲，扫地无余，孙策之威声远震。

官场、战场、情场　场场得意

易中天先生品三国，说到周瑜，在他 24 岁那一年（199 年），是官场、战场、情场，场场得意。易先生引申说周瑜不是个心胸狭小嫉妒他人而被气死的小人。

建安四年（199 年）周瑜、孙策皆二十有四，于周瑜，吴中皆呼为周郎。以瑜恩信著于庐江，出备牛渚，后领春谷县长。授建威中郎将，紧接着孙策欲取荆州，以瑜为中护军，领江夏太守，跟随孙策攻皖城，拔之，时得乔公两女，皆国色也。孙策自纳大乔，周瑜纳小乔。复进寻阳，破刘勋，讨江夏，还定豫章、庐陵，留镇巴丘。

历史就如此证明了周瑜三场得意，并同时还见证了众人都关心的如下问题。

一是二乔之美，《三国志》有两句话，一句是"皆国色也"。二句是孙策对周瑜戏言曰："乔公二女虽流离，得吾二人作婿，亦足为欢。""流离"二字在此意为容光焕发。是说大小乔确实十分美丽，但以你我这样英雄为婿，乔公还是十分满意的。说明此婚姻是十分美满的。说二乔之美还有清·徐震的专著《美人谱》中，从古至宋的美人，以容颜、琴、棋、书、画等十大才艺和生活能力等诸多方面评选出 26 位美人，二乔之美位列前位。

二是小乔从周瑜镇巴丘。就在这一年（199 年），周瑜到湖南岳阳巴丘重兵镇守，小乔亦"从周瑜镇巴丘"。

三是孙策、周瑜"时得乔公两女"并非掳掠之，而是明媒正娶，大媒人一是老臣张昭，二是庐江太守李术（后反孙权，被杀）。二人往返乔家庄数度说媒，乔公巧考女婿，才得以成正果。其过程颇具戏剧性。

199 年入春不久，孙策、周瑜以一慢两快战术攻下皖城（今安徽安庆市），由于军纪严明，秋毫无犯，社会各界喜称"仁义之师"，为进一步稳定社会秩序，正准备召开社会各界及贤达联席会议，酷爱打猎的孙策，抽隙去东郊行猎，不期一山凫负箭逃往东郊，孙策纵马目视追之，将他带入密林掩映的乔家庄，而引出乔家大小姐，时人谣曰："皖城艳遇娶双娇。"……

更有趣的是，乔公巧考未来女婿。乔公深知孙、周二小子，文武双馨，却可能武强于文，担心肚里是否少了点文墨，对此他欲亲自试试，才放得下那颗心。如是就出现了"巧考女婿"那一幕。

按下优美情节不表，单只表乔公别出心裁之试题："二、人"试题为孙策所揭，"人、一、口"试题周瑜所揭。

监考官丫环当众宣布："孙、周二将军各自所揭题，均有两个答案，一答此为何字？二答此字之意？限时一刻，不得交头接耳，时辰到，答案不全或未答出，判未中！"孙策和周瑜都给出了圆满答案。答案究竟是什么，历史没有记载。各位读者不妨试一试，只是没有二乔相许。

是年夏，孙、周与大小乔在皖城举行了隆重又简单的婚礼。不久，周瑜讨江夏还定豫章、庐陵，留镇巴丘。《巴陵县志》记曰："小乔从周瑜镇巴丘。"

自此，周瑜断续与娇妻乔玫在巴丘生活了 12 年，小乔则在巴丘生活了 33 年，小乔吟诵："人虽杳，情难绝，心不死，情未灭！"

周瑜与小乔在巴丘谱写了经典爱情故事！

东吴擎天柱

孙吴一飞云大船从柴桑逆江西上来到巴丘，密使连跑带跪来到巴丘周瑜军府，双手将蜡封密件举过头顶，求见巴丘中护军周瑜。

周瑜亲拆密件，双眼急扫上述文字，仰天，天欲倾！

巴丘：周瑜军府（绝密）

中护军公瑾亲鉴

吴主策新亡　速将兵赴丧　柴桑

周瑜强自镇定，高大身躯晃了一晃，立马挺直，两眼睁了睁，立马果断做出如下决定：

一、留老臣黄盖等留镇巴丘；

二、令韩当等随瑜将兵赴丧，星夜随柴桑飞云大船火速东下；

三、此噩耗暂不对妻子宣示，请甘宁留守照顾家人。

周瑜回到家中，见到妻子，脑海浮现与孙策情同手足、战场上搏杀互救等生死场面，一时无法自控，将孙策新亡告知妻子。小乔听闻大惊，昏厥在夫君的臂弯里。医官用银针急救，周瑜火急连发六道指令，三大国医连同甘宁等人照护夫人，令韩当等急备赴丧。

是夜，周瑜于寅时启程"将兵赴丧"，乘柴桑飞云大船急速东下。《三国志·周瑜传》记："五年孙策卒，周瑜将兵赴丧，遂留吴。"

《巴陵县志》："五年，孙策卒，周瑜自巴丘将兵赴丧。"

"将兵赴丧！"对一个国家来说，是一个十分严峻的政治事件，可能发生某种不测的"动乱"。于当时孙吴来说，一是外敌。包括北方曹操，西边刘备；二是内部有长年不断的山越少数民族动乱；三是年仅 19 岁的孙权即位，新老将不一定臣服。

建安五年（200 年）四月初，孙策中仇家暗箭而卒，年仅 26 岁，他 19 岁的二弟孙权匆忙接了班。突发巨变，使得江东的政局顿时变得异常严峻起来。这对周瑜也是个严峻的考验。

孙策弥留之际，以弟权托长史张昭，张昭率群僚站在孙策身边听其遗言，并当众授孙权掌权之印绶后对众说："举江东之众，决机于两陈之间，与天下争衡，卿不如我，举贤任能，各尽其心，以保江东我不如卿。"并向孙权交待："内事不决问张昭，外事不决问周瑜。"是夜孙策卒。

　　张昭当即制止孙权哭泣，将印绶给孙权佩好，扶他上马出去巡军，说现在不是顾礼制之时，你要立马将权力行使起来才行。

　　危难时刻，幸好有人站出来，起了关键性的维稳作用，此人就是周瑜。周瑜点起精兵，风尘仆仆从巴丘赶到东吴，当时政治中心吴县（今江苏苏州市），正是政局动荡的紧急关口。周瑜一到，立即采取有效行动。什么行动呢？《三国志·周瑜传》说得明白："是时权位为将军，诸将宾客，为礼尚简，而瑜独先尽敬，如行跪拜礼等。便执臣节。"

　　这一段话的意思明白点出了，孙权刚继承权位，身份上只是将军称号，故他手下的将军和宾客等人，对他的礼节还很简单随便；现孙权一下上升为实际上的君位，按礼特别要树孙权君位，震慑内外。

　　孙权高坐在上，威严庄重，发号施令，像模像样地当起君主来。孙权尊老臣张昭为重臣谋士，以周瑜、程普、吕范等将统领兵马而治事，还广招贤士名流，以鲁肃、诸葛瑾等为宾客，分部诸将，镇抚山越、黄祖。

　　孙策时的庐江太守李术，策死之后不服孙权，孙权先礼后兵移书求索，李术报曰："有德见归，无德见叛，不应复还。"孙权大怒，举兵攻术于皖城，李术闭门自守，求救于曹操，曹公不救。粮乏，妇女或丸士而吞之。得李术首级，徒其部曲三万余人。

　　主心骨起来了，人心安定了，危机也自然消除了。

曹操要人质，送还是不送？

曹操在未征服北方最大对手袁绍、袁术兄弟时，封孙策为讨逆将军，并封其为吴侯，又接二连三与孙策搞不伦不类的政治联姻。

曹操第二次给孙家恩惠是孙策死时，他没乘机攻打江东，还表孙权为讨虏将军，领会稽太守，之所以如此，是强大的敌对势力袁绍尚未消除，他难以分身。

官渡之战（200年）后的202年，孙策死后二年，官渡之战中被曹操打得大伤元气的军阀袁绍气得呕血而亡。曹操始称雄北方，腰杆也硬了。进一步以东汉朝廷名义下达文书，要求孙权老老实实送一个人质，作为效忠朝廷的保证，实是效忠曹的保证。

此刻，曹操为何如此理直气壮呢？原因有：

一是曹操已扫除北方反对他的主要军阀势力，又挟持了汉献帝入驻许都并能以朝廷名义发号施令。因策与袁术一刀两断，在江东站住脚跟，改而向曹操控制的东汉朝廷效忠；二是孙权势力渐稳，不能再任其强大，此刻强令孙吴送人质，以保孙吴忠于他曹操。

孙权怎么办，交还是不交？交的话交谁去？不交的话，能扛起由此引起的一切后果吗？一连串重大问题将考验新政权的主帅孙权。

张昭等老臣一筹莫展。

孙权召开包括老臣张昭、秦松等一批文臣商议对策，讨论了半天大家仍犹豫不决。为何如此？一是怕曹操，二是私心重，怕承担后果。于是在会上不是说空话，就是绕弯子，孙权对此十分冒火，他的意思是不能送人质。

孙权单独邀周瑜一人，来到自己母亲吴老夫人面前，商议并做出决定。

在此需要谈谈孙权母亲的不寻常之处。三国时，不乏有见识，并具胆识的非凡女性，吴老夫人就是其中之一。当初她还没出嫁时，因才貌双全被孙坚看中，孙坚前来提亲。因吴氏父母双亡，寄住在其弟吴景家，亲属替他做主，他们嫌孙坚为人轻浮狡猾，准备拒绝。她却对亲属们说，为何因为爱我一个女孩子，而让全家与孙坚结怨招来灾祸啊？如果嫁给他不幸福是我命该如此。抱着牺牲我一个，幸福全家人的决心，她就这样来到孙家。

吴氏一口气为孙坚生了4个儿子，再加1个女儿，也就是刘备夫人孙尚香。孙坚连年在外征战，全靠她坚韧的性格克服一个个困难把这么多子女养大，并教育成人，其间艰辛可想而知。

有一个故事，说孙夫人当年怀孙策和孙权时都做了个奇怪的梦，梦见怀抱一个太阳和月亮。《搜神记》曰：初，夫人孕而梦月入其怀，既而生策。及权在孕，又梦日入其怀，以告坚曰："昔孕策，梦月入我怀，今也又梦日入我怀，何也？"坚曰："日月者阴阳之精，极贵之象，吾子孙其兴乎！"

28岁的周瑜与21岁的孙权在老夫人面前汇报国事，周瑜的想法和决断在《三国志·周瑜传》裴松之注引《江表传》有详细记载。孙母曰："公瑾议是也。公瑾与伯符同年，小一月耳，我视之如子也，汝其兄事之。""遂不送质。"

周瑜一席谈话，分析不送质的充分理由，归纳起来要点有三：

一是如实地分析东吴眼下力量，不存在非送人质不可的紧迫危机。其理由是孙吴眼下无论地理、经济、军事、人心、交通等方面都是有实力的。

二是预断未来后果。一旦交了人质，曹操就有了控制孙权的把柄，即便给你一些空头爵位，也是控制你的绳索，要你动弹不得，根本比不上自己在江东称孤道寡。

三是提出了应对的有力方针。今后曹操若真能遵循正义匡扶天下，到那时，再服从他也不迟；如果他凭借武力制造祸乱，自然会玩火自焚。所以周瑜的对策是如下八个字："拒绝送质，静观待变。"

周瑜此番高见，有理有据，方针很明确又极具胆略和务实。用现代的话说是："战略上藐视曹操，战术上重视曹操。"故深受吴老夫人的赞赏，她立马一锤定音，对孙权说："公瑾的分析和决断是正确的！不送质。他与你伯符大哥同龄，只小 1 个月，我把他作为亲儿子，你要将他视为哥哥。"

孙权如此强硬，曹操自然很生气，但此刻，他的力量要对付袁绍和幽州强大的乌丸族武装，曹操只好待以后再

同孙权算账。但 6 年后的孙权一方面势力日益壮大，又有
周瑜为顶梁柱，曹操再也难涉足江东半步。

程普对周瑜心服口服

"与周公瑾交，若饮醇醪，不觉自醉"。东吴老将、周
瑜父字辈的程普到处告人说，与周瑜交如同喝了浓稠的酒，
不知不觉而醉了。

《江表传》曰：普颇以年长，数凌侮瑜。瑜折节容下，
终不与较。普后自敬服而亲重之，乃告人曰："与周公瑾
交，若饮醇醇，不觉自醉。"时人以其谦让服人如此。(《三
国志·卷五十四·吴书九》)

在《三国志·周瑜传》中有另一句话："性度恢廓，大
率为得人，惟与程普不睦。"前段话解为此话的注脚，但要
使程普老将心悦诚服，周瑜真正做到了"性度恢廓"的
过程。

就年龄而言，相对程普，周瑜只是个小侄辈。就战功
而言，程普在周瑜还是少年时已战功赫赫，职位早就是将
字号。

孙策、孙权之父孙坚讨董卓时，程普就同黄盖、韩当
等人跟随左右。当孙坚被董卓义子吕布追杀，程普挺身而
出，拼死敌住吕布，孙坚才得乘隙脱身。后在程普协助下
收集吴军，直捣董卓中军。又同孙坚与反卓诸侯一鼓作
气，攻入洛阳，军威大振。孙坚很佩服程普，称他为"威
武虎将"。

孙坚被谋杀后，程普又随孙策借袁术兵（实为孙坚之兵）在淮南起事，并东渡建立基业。孙策取会稽（今苏州市）占吴郡，孙策拜程普为吴郡都尉（警备司令）。策攻祖郎被包围，程普单骑护策，驱马疾呼，以矛刺贼，刺死贼头目，救出策，后孙策拜普为荡寇中郎将，领零陵（今永州）太守。

程普又从孙策讨刘勋于浔阳（九江市），攻黄祖于沙羡（今武昌南），奉命还镇石头城（南京）。程普是孙坚父子所部之众将领中，任职时间最长，年龄最大，功绩最大者，时人皆尊呼为"程公"。

周瑜与孙策亲如兄弟，年轻又足智多谋，武功高强。在辅佐孙策时，运筹帷幄，又直接指挥并亲自战斗，接连参战皆捷。孙策亡后，周瑜已手握兵权，自巴丘将兵赴丧。孙策临终前在母亲吴夫人面前，指定孙权"内事不决问张昭，外事不决问周瑜"，可见周瑜在孙策心中的地位。周瑜后已是中护军、江夏太守，是孙策时代的"老"将，东吴政坛的一颗新星，这些是黄盖、韩当，特别是程普不可企及的。

赤壁之战时，孙权命周瑜、程普分别为左、右督，虽职位平行，但其统领权、主帅权在周瑜。《三国志·卷五十一·吴书六》中说，当吕蒙袭南郡，孙权欲以孙皎与吕蒙为左右大督时，吕蒙说："若至尊以征虏能，宜用之；以蒙能，宜用蒙。昔周瑜、程普为左右部都督，共攻江陵，虽事决于瑜，普自恃久将，且俱是督，遂共不睦，几败国事，此目前之戒也。"孙权接受了吕蒙的意见，以蒙为大督，孙后继，擒关羽，定荆州，孙皎也出了大力。

那么，在赤壁之战前夕，孙权以周瑜、程普为左右督，即左路军和右路军指挥，二人职务一样高，可决在瑜，实际周瑜为总指挥，程普自然不服。程普以消极之法与周瑜抗衡。若不是周瑜以大局为重，赤壁之战结局可能完全改写。原来，自周瑜与孙策，后又辅佐孙权的十余年间，周瑜节节上升，程普就不断使难于瑜，且弄得吴军将士人所皆知，两人关系不睦公开化。但周瑜的折节容下，最终感动了程普。

神亭岭之救援。神亭岭，吴郡为纪念东汉开国皇帝刘秀，在岭上建庙宇和塑光武帝神像，供人膜拜故名。孙策当年率兵与军阀刘繇军在神亭岭隔岭扎营。一日午后，孙策要将领们陪他上岭祭拜光武神，并祈求神灵保佑打败刘繇。对此，周瑜力劝此举不妥。在力劝不果的情况下，周瑜以昨日马惊闪了腰为由向孙策告假，实则是他心中生计，要属下准备以防万一实施救援。站于旁侧的程普虽深知孙策此行有潜在危险，但他清晨目睹周瑜还在龙腾虎跃地在院中练武，哪有什么闪腰！知是他托辞不去，觉得周瑜是避险求安，不是大丈夫的作为。

孙策一行人上岭不久，不出周瑜所料，果被刘繇军士发现，被敌军团团围住。孙策等人且战胜退，想拼命突出重围，就是突不出。正当千钧一发之际，周瑜率大队精兵

杀入刘勋军重围，击退敌军，救出已精疲力乏的孙策等 13
人。回到大营，孙策盛赞周瑜有先见之明并救援及时，其
他将校也认为周瑜深谋远虑，程普却讥笑曰："依我看，言
不真，语不诚，这总不是好事！"当这些话传入周瑜耳里，
他当然也心下不悦，但他折节容下，没有与程普计较，只
是心下觉得程普误解了他的良苦用心。照理程普也应感激
周瑜的救援之恩呢！对此，周瑜也只是心下一闪念而已，
从未放在心上，实际上，程普内心还是佩服周瑜的，只是
面子上总放不下他老将的架子而已。

攻打江夏郡时，周瑜为主帅，通过几个回合战斗，杀
得鲁莽的黄祖几万大军晕头转向，人仰马翻。黄祖忙夺路
逃回城中，此刻，周瑜传令吴军在城外扎营并停止攻城。

此刻，程普则向周瑜建议："黄祖接连输了水陆两阵
后，很难东山再起，他唯一的出路是向襄阳投奔荆州刘表。
江夏城门有五座，两门靠近长江，应派兵围住，不让黄祖
逃脱。"

可周瑜经认真核算，自己在殿后兵力未到之前，只 3
万人，若分兵围城，五座城门平均只有几千人马，兵力单
薄，江夏城内尚有两万多人，到时会吃大亏。作为主帅的
周瑜对程普的建议做了说服，最后当然主帅周瑜按自己的
主意行事。对此，程普快快不乐。

午后，周瑜升帐时，程普又固执提出：可分兵围城。
这时，周瑜又得探马报告，经激战后，黄祖很多士兵丧魂

落魄地私开小差逃出城外，城内加老弱病残只1万人了，情况发生了变化，周瑜觉得程普分兵攻城的意见可以采纳了，立令程普率五千精兵速往西门拦击。

可当程普行兵赶到西门时，黄祖已先一步带亲信逃出城外。程普速率兵穷追，此时，周瑜早着甘宁在此城外守候，黄祖一到，被甘宁一箭射下马来，取了首级，自行回营投了头功。对此，程普深为懊恼。心想，若周瑜早听他的建议，早出兵西门，这份功劳十拿九稳是自己的。

此役过后，他在同老战友韩当谈及此事时，忍不住嘀咕道："兵贵神速，可有人却等到鸟兽走了才允许猎人打猎，我不知这是怎么想的。"此话传到周瑜耳里时，一时也心下不快，想找程普谈谈。

从表面看，恰如程普所言，周瑜若把当时心中所盘算的通盘考量的方方面面，全对程普解释吧，而程普对自己当时的决策怀有成见，弄得不好，他会认为此地无银三百两，隔阂更深。周瑜只好"哑巴吃黄连，有苦难言"，还是不与这位老将军计较吧！

当曹操在旬日间，兵不血刃取得荆州，且向孙权气势汹汹下来战书时，孙吴内部一片惊慌，连张昭老臣等皆言降，觉得曹操实在太强大了。惟鲁肃、周瑜力主拒曹，程普虽拥护周瑜的主张，但当孙权宣布周瑜与自己分别为左、右二督，周瑜实际为主帅时，程普觉得自己是老将，要拿拿架子。

按军规将校要"点卯"。"点卯"是最平常的军规，以此检验军队纪律性。清晨临近点卯时，周瑜已全副武装，腰佩宝剑，手执兵符（古代将领调兵遣将或作战的最高通行证），准备行使主帅职权。

此时，中军府机关各色人员早已到列，当值官刚宣布进入点卯程序，只见当值都尉出列禀报：都尉唐锐缺卯未到，据说他夫人称病，但唐都尉未告假。周瑜一听大怒，唐都尉跟随自己十多年，向来清廉自律，主办粮秣，从未失误，累受嘉许。可今曹氏大军压境，非同一般，更要严行军纪。周瑜此刻剑眉直竖，俊目圆睁，厉声令执法官："立传唐锐到帐，不得有误！"

不一刻，唐锐赶到，慌忙跪地求饶。周瑜瞠目斥道："今曹贼大军压境，东吴危在旦夕。将士正竭力效忠，你却敢目无军法，若吴军将士如你，怎能抗敌？你孰知军令，未告假误时者，杖军棍六十。念你初卯，减半责罚！"说罢，顾语执法校尉："行杖！"

紧接传令升帐，由赞军校尉引领，黄盖、韩当、周泰、甘宁、丁奉等二十多名将校，鱼贯依次入帐，参见主帅礼事。周瑜环顾众将校，发现单缺程普，正待询话，忽见小将程咨出列禀报："家父病而卧榻，派小侄前来代向都督告假！"

此刻，周瑜怒从心中起，但很快心下平和，昨天程普还好好的，今日称病，明明是给自己难堪，但大军压境万不可内部先乱了阵脚。再说古人有言在先，以柔克刚，即便程普的不是，自己多做忍让，再说不迟。周瑜想到此，心下平静了许多。他一如常态，对程咨说："知道了！"挥手让程咨入列。

　　随即，周瑜伟岸起立，昂然发声："军法无情，望各将校忠于职守。当今曹操一手遮天，现又要灭我东吴。吾奉命同诸将一起剿灭，望全军将士上下一心，奋力抗曹！我军所到之处，绝不许强压百姓，有功必赏，有罪必罚，望众将切记于心！"说毕点将发兵，令韩当、陈武为前部先锋，领本部战舰即日启行，往巴丘湖三江口预定地点下寨。

　　周瑜点将毕，准备即日亲赴前线灯窝山总指挥部，此刻，不觉又想起程普的"病情"。大敌当前的非常时期，程普老将再有不是，自己无论如何不可与之计较啊！他又想起《将相和》，叹息道："自己比蔺丞相差远了啊！"廉颇负荆请罪，为的是团结对外。周瑜不觉深深自责：程普老将军赤胆忠心，为东吴出生入死，征战沙场二十多年。后来长期与自己疙疙瘩瘩，怎能全责怪于他呢？自己明于对人，暗于对己，他武艺高强，英勇善战，乐于施人，人才难得，自己有些事处理不当。如今他心中抑郁，病了，自己怎能迁怒于他呢！想到这里，周瑜吩咐即时备马，他要亲自去程将军府邸慰问其恙。

　　程普偶感风寒，加之心情郁闷，便卧榻养病，命儿子程咨代劳并出席战前会议。然而心中十分挂念各路军马启程之事。当儿子程咨回家，程普心急火燎地一一询问。程咨将各路兵马将领的名单详禀家父。此名单虽是程普多次参加周瑜调派军事会议定夺的，自己的意见，周瑜多为采纳。今再听儿子详述，感觉十分亲切。当儿子讲到周瑜遣将井然有序，众将悦服，包括与自己打拼多年的老将黄盖、韩当都悦服于周瑜。听完儿子叙述，程普心知周瑜的安排极为妥帖，从心底佩服年纪小自己许多的周瑜，确是位大帅才。程咨又说了周瑜严厉处罚未请假的唐锐。程咨代父告假后，周瑜仍然如常宣令。程普深觉自己身为副帅，重任在身，大敌当前却怀小人戚戚之态，实为不妥，深感愧疚。

此刻，忽听门口报"周大都督来访！"周瑜已来到厅前，对相迎的程咨轻声说："绝不可惊动老将军！"说着趋步程普榻前。周瑜拱手致礼问候，程普忙伸出布满皱纹的刚劲有力的手，紧握周瑜的手唏嘘："都督海量，老夫鲁莽无知，望勿见怪！"说罢，禁不住老泪纵横。周瑜也十分感动，连声道："好多的不是在愚侄身上，望老将军海涵，切切养好身心。"二人坦诚相语，多年的疙瘩顿时烟消云散。

程普挽留周瑜在府中用餐之后，正副统帅并辔起程，直往前线，参军副将等随行。众将得知正副二帅言和，精神更加振奋。吴军中就此流传出将帅亲睦歌。

一线易拉断，故人叹奈何。

众线合成绳，坚韧织天罗。

廉颇蔺相如，负荆请罪歌。

周瑜与程普，又成将帅和。

周程结成钢，同心降恶魔。

保江南兮，同声吟哦！

于是，程普之"与公瑾交，若饮醇醪，不觉自醉"在孙吴军中引为佳话，载入史册，教诲后人心胸宽阔，携手共进。功莫大焉！

根除黄祖除后患

周瑜指挥"江夏之役""赤壁之役"和"江陵之役"三大战役，三战三捷，大获全胜，更显周瑜是顶天立地之国家脊梁。

黄祖是荆州割据者刘表的大将，与孙权有杀父之仇。长期镇守东部江夏郡，与孙吴接壤。

早在建安四年（199 年），周瑜联手孙策，与黄祖交过战。"孙策杀黄祖部将二万余级，水溺者二万余口，战船六千余艘，财物山积。"那一战由于刘表派兵支援，歼灭战打成了击溃战，黄祖成功脱逃。

不灭黄祖终是留患。周瑜要彻底消灭黄祖。

周瑜决定先拿下江夏南侧的麻屯、保屯，为总攻黄祖创造条件。

周瑜此一运筹显示他卓越的军事才干。他先不忙与黄祖主力决战，而是从侧翼削弱其力量，再乘机决战。

江夏郡西南端有一个叫陆口的地方，在赤壁东约 18 里处。这是长江南岸的一个入水口。这里地势十分险要，东汉末年战乱，民众流亡，这里形成两大流民武装的营垒，即有名的麻屯和保屯，各有上万人口。合为东吴重要的军事要塞，由吕蒙、鲁肃重兵驻守。

从陆口以下长江向东北流去，约 250 里而到黄祖的据点沔口（在今湖北武汉市汉阳区）然后折向东北，约 450 里，再到孙吴西端的军事重镇柴桑（今江西九江市西），呈

117

人字形。而从柴桑走陆路，向西直插陆口，就只 500 里左右。攻下麻屯、保屯，利用现成的营垒和武装，将此经营成坚固的要塞，不仅对黄祖形成两面夹攻之势，亦可阻止刘表从西面对黄祖的支援，为全歼黄祖创造条件。

拿下麻屯、保屯，还有更高的军事价值。

攻麻屯、保屯是在 206 年冬。攻下麻屯、保屯采取的战术是慢，费时长。

两年后，即建安十三年（208 年）春，周瑜决意向黄祖发动总攻，就得速战速决了。黄祖大本营称为"偃月垒"，呈半月形的营垒，位于沔口附近的高地上，应该就在今天武汉市汉阳区汉水西岸的龟山一带。由长江开来的周瑜水军，要想接近营垒，必须先从沔口进入汉水，再上岸进攻。

当下，黄祖以两艘弓、弩、箭载众多的"艨艟"战船横着停在沔口水面上，以阻止周瑜兵船入内。艨艟是三国时以速度著称的轻型战船。其前、后、左、右均有弩窗，矛穴，可四方发射弓弩，结构轻巧，可趁人不备攻入对方营内。此刻，黄祖给每只艨艟配 500 名弓弩手，弓弩如雨点般向外发射，难以近前。《三国志·卷五十五·董袭传》载："祖横两艨艟，挟守沔口，上有千人，以弩交射，飞矢雨下，军不得前。"

面对如此阵势，周瑜当机立断，采取两快战术，即随机应变快攻猛攻。具体方案是，立命骁将董袭、凌统二人前去消除横停水口之艨艟。二将各带百名敢死勇士，身着双层铠甲，驾驶大舸船，以迅雷不及掩耳之势突近艨艟边。董袭以东吴大刀砍断黄祖艨艟两根缆绳，那艨艟顿时摇摇摆摆漂往长江下游去了。

其间，董袭最先穿过两艨艟间水道，到达艨艟船尾，实施砍断缆索的关键性动作。紧接着，凌统如法炮制。于是黄祖的防线门户大开，周瑜指挥大军抢占汉水阵地，上岸对黄祖"偃月垒"营地发起急风暴雨式猛攻，黄祖抵挡不住，向北奔逃，却被孙吴骑兵追上砍杀。至此，黄祖势力被彻底铲除，江夏战役结束。

孙吴的西部边境，向西扩展到了江夏郡的陆口至巴丘一线。此战为西打荆州长期战略目标和不久后的赤壁之战排除了两面夹击之忧。

蒋干策反周瑜反被策

江东孙权势力日益强大，特别是孙策死后，周瑜手握军权，又具有非凡之才，素能识才的曹操，此刻认为如能策反周瑜这小子为自己所用，就等于消减了江东这心腹大患，为皇上一统天下，实则为他曹魏家天下奠定坚实基础。

曹操采取了一连串行动，得知九江蒋干既乃独步江淮知名辩士，又乃周瑜同乡同窗，是策反游说周瑜最恰当人选。曹操对蒋干说："蒋先生此行若能功成，功当封侯!"并对蒋干私授三计。

第一计，蒋干正面策反，周瑜稳如泰山。

蒋干字子翼,与周瑜同乡同窗,风流倜傥,生性能言善辩,是独步江淮辩士。他时着布衣,头包葛巾,以同乡私人身份拜见周瑜,可公瑾一见到他就意识到蒋干此行绝非只是多年不见之私访,必另有图谋,故周瑜开门见山点破蒋干说:"子翼良苦,远涉江湖为曹氏做说客耶?"蒋干马上转移话题说:"吾与足下州里,中间别隔,遥闻芳烈,故来叙阔。并观雅规,而云说客,无乃逆诈乎?"

周瑜进一步点破蒋干说:"吾虽不及夔、旷闻弦赏音,足知雅曲也。"周瑜说我虽不如夔、旷而择高明,善听高明乐音,却也能听出你的弦外之音为何物。

周瑜还是热情宴请蒋干,宴毕,周瑜认真地对他说:"对不起,恰逢我有重要且机密事要办,你就先在馆舍里住下,有人招待你,待事一办完,我再来宴请您叙旧!"过了3天,周瑜果真又来饮宴蒋干,并亲自带他巡看军营,仓库军械,又在酒宴上摆放服饰珍玩,盛情款待蒋干,并让他观看了彭蠡湖(鄱阳湖)上的壮观水军阵势。

而此刻,蒋干心中想的是如何实施曹操给他策反第一计,就是正面离间。而此刻,周瑜是故意挑起蒋干出计,以便接招,他便对蒋干说:"子翼兄从北方来,是知曹公水师一定训练有素啊!"此话一出蒋干认为时机已到,故意用别样的眼神扫了一下客厅,周瑜会意,忙用手挥并疾声道,"你们都下去!"蒋干见只他二人,便富于挑拨性地道:

"人说公瑾文韬武略,志存高远,集昔日张良、韩信、萧何三杰之才于一身,竟如此忘了天下大局!"周瑜听蒋干话中有话，假装糊涂故意惊问道："子翼兄，此话怎讲？"蒋干迟疑片刻，慨然道："今东汉皇族危弱，每况愈下，天下大乱，群雄蜂起，贤能义士当辨潮流，识英雄之崛起，择其能成大业者而从之，这才是识时务者为俊杰。曹公虽出身布衣，但劳师勤王，力扶汉室，为英雄之举。仅短短十来年，殂袁术，擒吕布，破袁绍，败刘备，降张绣，所向披靡，海内皆惊，所剩刘焉、刘表已苟延残喘，今曹公拥兵百万，战将千员，欲下江南，一统天下，指日可待。贤弟应审时度势，上应天命，下顺民心。愚兄不才，愿竭力引荐，助曹公成就大业，也展贤弟之才，不知意下如何？"

周瑜强忍愤慨，听完蒋干的说项，朗声仰天大笑，笑止，正色道："天下之事，怎能靠叨絮陈词改变得了呢？操名为汉相，实为汉贼也！他已恶劣昭彰，神州共愤，毋须多言。子翼兄口若悬河言操战将如云，拥兵百万，也不过是虚张声势而已。昔日，汉高祖刘邦据关中，兵力不足十万，而西楚霸王拥兵五十多万，项羽叱咤风云，不可一世，曾几何时，兵败垓下，自刎乌江。弱者兴国，强者亡灭，得道者兴，失道者亡，这是逆道而行者的必然下场！而今曹操挟天子以令诸侯，将献帝作傀儡，任恁故为？乃失道者，故必自毙！"

周瑜慷慨陈词，言之凿凿，自诩苏秦、张仪再世的蒋干也无言以对，全身冒汗，也只好暂时默然。

第二计，蒋干以重金拉拢，周瑜不屑一顾。

第二天，周瑜又安排得力副将陪蒋干参观邸阁，大屯戍。晚间，周瑜来到蒋干下榻的军府迎宾驿馆与之共进晚餐，二人仍谈笑风生。酒足饭饱之后，蒋干悄声对周瑜说：

"请贤弟到驿舍一谈。"周瑜心下明白，他要接着说项，但不知他又要使出何招，心下寻思，曹操手下的这个走卒已经在唇枪舌剑中败下阵来，肯定会使出另外一计，至此，瑜心下有底，无论他用何计，自会对应自如，决不会就范。

周瑜寻思间，很快跟随蒋干入至内室，刚跨入内，实觉有些异常，房内明亮得出奇，再揉揉眼仔细一瞧，几案上有一颗拳头大的宝贝，蒋干细观周瑜眼神，似乎全神贯注于其上，错以为周瑜对此十分看重。他乘机笑言："贤弟，财宝显是身外之物，但也人人需要，有时也会一文钱难倒英雄汉。"

蒋干见周瑜坐下继而目视那生辉珠宝，接上话又引经据典讲钱的重要性：据说当年苏秦贫穷时，其嫂连一餐饭也不肯给他吃，但到他被六个国家拜相时，其嫂跪于路旁求弟宽恕，可谓十分典型的势利小人。苏秦下轿请嫂子起来，然后问道："你为何前倨傲而今恭躬呢?"其嫂答曰："从前你是穷光蛋，而今你地位显赫，而财权多，不容不敬耳!"人一旦富贵，便事事遂心。今日曹公十分敬重贤弟之才，足与西汉开国三杰韩、萧、张匹敌，却屈居孙权这小子之下，实为心寒。此次带来区区薄礼，丞相再三叮嘱，万望贤弟笑纳。曹公再三叮嘱，愚兄传话贤弟，若能相投，当位列朝廷众文武之首，此机千载难逢，万望贤弟珍惜。

周瑜听了蒋干滔滔不绝的说项，又朗声大笑，然后揶揄地说："这薄礼，果然太薄了，怎么打动得了人呢？子翼兄快把宝贝收拾好，这房间太闷了，我俩到外边走走吧！"

周瑜边走边对蒋干说："大丈夫处世，遇知己之主，外托君臣之义，内结骨肉之恩，言听计从，祸福共之，假使苏、张更生，郦叟复出，犹抚其背而折其辞，岂足下幼生所能移乎？"（《三国志·卷五十四·吴书九》）至此，蒋干但笑，却想着他的心事。

一听这话，蒋干不由得庆幸，亏得曹公妙算，此二步棋子一使出，竟已成局。他迅速带好宝贝喜颠颠跟周瑜信步来到人静处，蒋干心下窃喜，周瑜还不是怕人多嘴杂，不便交割。

此刻的周瑜却是心下愈想愈感到蒋干可憎至极，猛一回头指着蒋干的脸喝道："听着！曹操若派别人来，我一定会将他斩首，看在你我同乡的分上，饶你不死，赶快收拾你的'宝贝'走吧！"

第三计，周瑜巧用离间计，迫使蒋干仓皇出逃。

周瑜年少就仗义疏财，志存高远。当年孙坚因忙于伐董卓，一家众口难以顾及，是周瑜将南宅让与孙权一家。又全力支持孙策东渡创立江东基业，从来视财富如浮云。此次曹公所施二计失算，是蒋干所料不及的。

周瑜气度恢宏，对辩士蒋干来说是难以企及的。当周瑜对蒋干大发雷霆时，蒋干反而坚信，周瑜不会真的把自己杀了，却也出了一身冷汗。蒋干不愧为闯荡江湖的说客，很快回过神来，曹公对他密授的第三计还没用呢！到时还看你公瑾可消受得起！

次日下半晌，蒋干又去中护军府拜见周瑜，瑜仍以礼相待。蒋干装出一副可怜的样子，颤声说："愚兄已领会贤弟对东吴的赤胆忠心，决不再提曹公所托之事了。只是愚兄此次南行路途遥远，实为不易，本想在此再访几位挚友，若贤弟不厌，我想再住几日，不知贤弟意下如何？"周瑜思忖，这种靠嗟来之食生存之人实在可恶，但碍在同乡面子上，强压气愤慢言道："也罢！可希望抓紧时日，尽早启程归去！且我再无闲暇陪贤兄了！"周瑜已正式下逐客令了。

恰在此时，门吏来报：长史张昭从巴河口前来中护军府。周瑜不由一愣，张长史与自己同辅新主孙权，他管内务，与孙权驻中心基地巴河口，任重事繁，怎有暇来此？忙出府中门外迎接。二人进府，互道思念之情。张昭一进府客厅，见蒋干在座，便气愤地"啐"了一口。蒋干做贼心虚不敢向张昭打招呼，只好低头缩肩哈腰躬背溜出。周瑜请张昭上座，询问道："长史匆匆来此，不知有何急务？"张昭见室内无人，忙从怀中取出信递给周瑜，急急地说："主公亲笔信，派我面交都督，请先过目！"瑜见一个个墨黑字刺入眼帘：

"公瑾吾兄麾下：古人云：'国之所立，在于君臣。君臣一心，国统邦兴。'汉高祖兴邦，乃国君臣一心。楚霸王之亡，乃君臣异心。今有害虫，进谗生疏，欲使我东吴参天之树半腰断折。事当慎之，兄当慎。休忘伯符兄之遗命拜托也！弟仲谋手书。"

　　周瑜看完，白皙的俊脸顿时铁青。惊问张昭道："主公修此手谕，到底碰到何事？其因何在？"此刻，本急愤的张昭现心情已稍平复，见府内仅有老将黄盖陪他入军府外，侍从皆早自觉回避。张昭才将一惊心动魄之事详细道来：原来，蒋干见对瑜的策反，各种手段用尽，依然无效，于是拿出曹操的第三个"锦囊妙计"。他对周瑜说还要住几天在此访友，即是借此名义，拖延时间，施展诡计，他那天乘舟东下，来到巴河口孙权的指挥中枢。蒋干给曾有过一面之交的东吴左司马顾雍送了见面礼，顾问蒋干有何事需要相帮？蒋装成一副可怜的样子说："愚本在曹操处任幕僚，现已辞职决心绝足宦途。近日来江南访友，深爱江南民安国富，是个发展的好去处。故想及一事，且此事与我蒋干无关，却同江东的前途有关，但需面陈孙权，请左司马代为转报。"顾雍忙问："究竟是何事？"蒋干故弄玄虚，哼哼叽叽不讲出来。顾雍此刻难以探知，也无法深信蒋干，可再思量：事情若真如蒋干这小子所说的那样严重，万一给贻误了，自己也对不起主公。所以在入府见孙权时，单独对孙权说了此事，并问他是否见一见蒋干。

　　孙权也听说蒋干在曹操那儿做过事，又关江东命运的大事，不由不安起来。见不见呢？再一思，见见也好，看蒋干葫芦里装的什么药。

　　蒋干应召到孙权外府，二人相对而谈，起先，孙权见蒋干似乎无何重要事谈，而是海阔天空胡扯，孙权只得打断说："蒋先生才识过人，清虚高雅，我十分敬佩，曾听左

司马转告，你有要事相告，我翘首以待，望能赐言。"蒋干
见时机已到，却故意稍停片刻，若有所思地说："常言道
'知人知面不知心'，日前我在曹操帐下，多次谈起要引兵
南下，一统天下，很多将士都提及江东，说周瑜统帅吴军，
此人智勇双全，不可小觑。曹操笑道：'我所担心的是荆州
刘备，对周瑜我自有良方，无须多虑。'这回，我有幸游江
南各地，耳闻目睹，渐对曹操的话有所领悟，'强臣镇主，
尾大不掉'，这是古人说过的话。因此，为江南百姓计，吴
侯也不能不有所思虑啊！"蒋干话虽不多，但意思已很清
楚：周瑜与曹操暗中有勾搭，不可靠，要想办法，孙权这
几天不知为何，本来就心神不宁，像有一包炸药隐在某处，
令人焦虑不安，听蒋干一说，心中就像要扯裂开似的难受。

　　孙权顺着话题，接连向蒋干发问，想让他说得明白些，
可蒋干故意卖关子装糊涂，硬不再提前述，即起身告辞。
孙权又将蒋干之言与前几天遇到的事联系起来一想，越想
越觉紧迫、严重。究竟前几天遇到何事？

　　孙权酷爱花卉，他差不多每晨到大厅视事前，都要到
后花园转一圈，观赏花卉，对清醒头脑大有益处。随从及
修整园林者见孙权来到均按规侍立请安。今天见站着一五
短身材黑脸壮汉。孙权对自己随从个个都叫得出名字。这
个黑脸壮汉姓李，以前是个渔民，水军扩编时，被派做班
目，今天怎来了？孙权纳闷地问："李子，水军训练你怎没
去？"他忙躬身回道："训练结业了，母病重，告假八天视
母"。孙权随后问了些水训情况，这李子总是支支吾吾，孙

权奇怪地问："究竟出了何事，你直说无妨！"李子朝四周随从扫了一眼，孙权会意，吩咐随从各自散开自行其是，将李子领到一亭子里，这时李子才悄声说："卑职随周大都督的随从由彭蠡湖训练水师毕，去来巴丘军府。前不久，巴丘湖三江口从长江下来了一条艨艟斗舰，船上三人，一官宦模样，两个随从打扮。他们登岸到了中护军府。官吏单独住在驿馆，其余二人由军府随从接待。后卑职听说他们是曹操派来的，卑职有些怀疑，特来侯府花园，想一定会遇到您，我刚才说的是千真万确的事。"孙权听后愣了半晌，才吩咐小李子不要对外声张，打发他走了。

孙权因此多日心下打着结，这又听蒋干所言，深觉此事非同小可，是真是假虽一时难以决断，周瑜在他心目中，是忠贞不贰的，且无周瑜，哪有孙氏今日之辉煌？此刻，他又握有重兵，他的部下连孙坚时的老将如黄盖、韩当、甘宁们都对他佩服得五体投地，如若处理不当，后果不堪设想。孙权彻夜难眠，独坐书房，不觉伏案而睡，进入梦乡。吴老夫人近日见孙权心神不宁，故深夜来到他书房，频呼二儿，你有何事心下不宁？告诉老母吧！家母的呼唤惊醒了孙权，他赶紧揉双眼亲切地说："娘！您老咋没睡？""我睡不好，你心中有事？"孙权起身扶母坐好，将心中疑虑之事禀告之，吴夫人大度地拉着儿子的手说："古人云'疑人不用，用人不疑'。昔日你兄伯符知人善用，为世人所敬。他同公瑾年幼即为挚友，你是看到的，他们义结金兰，生死与共，平定江东，伟绩远超你父，公瑾出生入死是立了首功的。伯符临终嘱咐你：要你待公瑾为兄长，你哥是不会看错人的。二儿啊！退一步讲，如果公瑾想'弃主自尊'，那在伯符去世，你尚年少，而公瑾大权在手，可不耗吹灰之力，就能做到的事，偏要拖到今日？你已长成！二儿呀，是不是事出有诈，中了曹操的离间之计啊？千万要慎之又慎！"此刻，天已大明，房外喜鹊欢鸣，吴老夫人忽然隐去了，孙权醒来，晨曦初露，曙光入房，一片光辉。孙母托梦，言犹在耳，对有疑的孙权是一剂清醒剂。孙权依然呆坐着静静地回味着母亲的话，感觉句句在理，心想，若周瑜真的与曹操私通，以常理论之，必然无比缜密，而小李子一名小卒怎能知晓？加之蒋干其人其言诡秘，阴阳怪气，不像正人君子，且如此绝密之事，曹操又怎能随意通过他蒋干，蒋干又随意找交往不深的顾左司马透露。

孙权想到此，母亲托梦显灵的警告是我孙仲谋的福啊！于是主意已定，先从李子入手，真相必能大白于天下。

孙权立马授意亲信将李子管制，并严封消息，派专人看管，亲自审讯。在孙权追向下，李子语无伦次，装疯卖癫。拖到第二天，他才吐出真情，原来在酒肆喝酒时，不期与蒋干的两个随从相识了，一喝多了，竟炫耀自己当过吴侯孙将军的随从，如何随主子威风。过了几天，有个身材矮胖，蓄三黄须的中年人来找李子，要他假借母病为名回巴河口，想办法去见孙权，将在酒肆与两个北方人的对话传给孙权，而矮胖子当即送他一锭黄金，并承诺事成之后，还给李子更丰厚的酬谢。李子向孙权求饶说："卑职被财迷了心，才做出可耻事来！"孙权将李子狠狠训了一顿，派人进行处置。恰在此时，在周瑜身侧知蒋干说项周瑜前后底细的黄盖等人来向孙权做了详细陈述奏报。这下孙权前嫌尽释，黄盖还将周瑜到彭蠡湖训练水师前夕，亲扮商人"陶掌柜"深入狼窝，剿灭几十年危害百姓的湖盗"毒鸟贼"团伙五百余人，孙权听罢连声叹曰，此事大都督有过奏报，但只讲老将黄盖及将士们的功劳，只字未提自己，真乃心昭明月的大贤人啊！当即连黄老将军也感动得落下泪来。

孙权又将左司马顾雍召来，查问蒋干下落，顾即笑曰："蒋干已失踪两天，不知下落！"孙权联想一连串事件，吓出一身冷汗，差点中了曹贼离间之计。怕蒋干还要在江南耍什么花招，才写了此信，派张昭急送公瑾，以绝离间之祸。

周瑜听了长史张昭的述说，恍然大悟，接连顿足道："人心叵测，豺狼啊！"在一旁的黄盖怒不可遏愤然道："此矮子比毒蛇还坏，我去追杀他吧！"周瑜笑曰："此小人，杀不杀已无所谓，还是让他回许都给曹操报'喜讯'去吧！"众人一阵大笑。

赤壁战前，曹操除给孙权下了气势汹汹的战书外，又给周瑜送来战书上联，周瑜及时回敬了下联：

舟千乘，马千匹，强弩千张，统百万雄师，虎踞江北。

酒一斗，扇一柄，瑶琴一副，聚二三英雄，笑看神州。

可见，二人各心知肚明，曹公自知策反周瑜碰了一鼻子灰，今又扬言要在战场上一决雄雌，而周瑜也不是省油的灯，从战书的下联看，他对曹公剑拔弩张，又夸大其词的行为一点也不怕，可历史真的开了个不大不小的玩笑，周瑜竟以一比五的劣势使曹公在凄风苦雨中仓皇出逃。

蒋干还是回到许都诚惶诚恐地向曹操复命说："瑜雅量高致，非言辞所间。"又叹气说："中州之士，亦以此多之。"（《三国志·卷五十四·吴书九·江表传》）

因此，传下两句歇后语：蒋干请周瑜——别有用心；蒋干劝周瑜——有口难张。

统领赤壁之战全局

社会上"三国热"中，出了一茬又一茬三国著述，几乎一再重复提出诸多所谓三国不解之谜。其实所谓三国之谜，正史《三国志》几乎都早做了正面回答。

这些所谓三国不解之谜，根本就是没有认认真真读正史《三国志》，而是以《三国演义》为母本来研究三国。继续贬损周瑜，否认周瑜是统领赤壁之战全局的前线总指挥，特别划掉三国争战的重点地域岳阳巴丘，依照《三国演义》说法是孔明总揽全局，并有玄乎的预见能力。这样研究三国，能不永远是本糊涂账吗？

看看正史《三国志·诸葛亮传》是怎么记载。

"……权大悦，即遣周瑜、程普、鲁肃等水军三万，随亮诣先主，并力拒曹公，曹公败于赤壁引军归邺。"这一段话，是说诸葛亮到柴桑求见孙权谈联合抗曹背景是在208年9月间或10月初，鲁肃到襄樊以吊刘表孝名义探虚实时，此刻诸葛亮正随刘备逃难呢。刘备被曹纯领轻骑五千，一日一夜行三百余里，追得刘备差点丢了性命。

当鲁肃在长坂见到刘备，问其何往？刘备答，去投奔广西苍梧吴巨老友，到此时都没提联合之事，是鲁肃主动向他提出孙刘联合，并建议刘备派人同他回柴桑见孙权谈联合之事。刘备听了鲁肃的建议，答应派诸葛亮同鲁肃去见孙权。此时，诸葛亮才向刘备请示："事急矣，请奉命求救于孙将军。"

这里有一个时间差：孙权先认同了鲁肃提议的联刘建议，紧接着周瑜坚定了孙刘联合的决心，然后才是鲁肃去见刘备谈孙刘联合，再后是诸葛亮随鲁肃来到柴桑见孙权，谈孙刘联合。

孙权听了诸葛亮的话很高兴，即同意联刘抗曹。"随亮诣先主！并力拒曹公"言下之意是，既然咱两家达成共识联合抗曹，也要办个手续吧，但你孔明还没这个权力和资格。于是周瑜一行代表孙权跟随孔明拜见刘备，当面去办个手续，至于是否有文字合同，至今未见记述。口头承诺应是有的，而孔明亦无权代表刘备与周瑜谈口头协议。

孙刘联盟抗曹主将是谁？是周瑜！孙权遣周瑜为左督，即孙刘联盟前线总指挥，看看《先主传》是如何记载的。

《先主传》记曰："先主遣孔明自结孙权，权遣周瑜、程普等水军数万，与先主并力，与曹公战于赤壁，大破之……"

《先主传》中也没孔明什么事。说是刘备派孔明与孙权谈联合之事。

再看看《孙权传》中又怎么说的："……诸议者皆望风

畏惧多劝权迎之，惟瑜肃执拒之议，意与权同，以瑜、普为左、右督，各领万人，与备俱近，遇于赤壁，大破曹公军……"这里仍然只讲了以瑜、普为左、右督各领万人，没孔明什么事。

而《周瑜传》中则记曰："……时备为曹公所破，欲引南渡江，与肃遇于当阳，遣诸葛亮诣权，权遂遣瑜及程普等与备并力逐曹公……"

《周瑜传》又记曰："……初一交战，公军败退，引次江北，瑜等在南岸……

"死者甚众，军遂败退……备与瑜等复共追……瑜与程普又追至南郡……"

再看看诸葛亮还在柴桑与孙权谈联孙抗曹没有回来的时候，刘备在当阳被曹军追得心有余悸，后听鲁肃建议到樊口，于是天天派人在江上望周瑜的船来否，当守望者说瑜船来了，刘备还不信，认为是青州兵（曹兵）。刘备要见周瑜，瑜说有军任，还是委屈下豫州吧！刘备确认后，要去慰问，关羽张飞不同意，刘备只得自己乘一只小船拜见周瑜。一见面刘备问周瑜有多少人打曹操，"三万！""恨少！"刘备觉得3万人马太少了，你猜周瑜怎回答，"不少！豫州但观瑜破之。"请看，周瑜根本没将刘备作为同盟主之一，而只是用一下你的兵，什么指挥权等一概与刘备无关。他是说你刘备就在边上看我怎么打败曹操吧。莫说指挥抗曹权，就连参与直接打曹操，也用不着你刘备。当刘备要见鲁肃时，周瑜也以"有军任"回绝了。

赤壁之战前夕，刘备的大将还有是所行动的。如张飞怒斥曹兵据水断桥，关羽领兵迎备。

以上史实，清晰可见赤壁之战，孙刘联盟前线总指挥是周瑜已铁证如山。从中还可见，所谓孙刘联盟，只是个松散的结构而已，刘备、孔明不但未进入指挥核心，还要看周瑜脸色行事。

赤壁之尾战，是在曹操命曹仁死守江陵（南郡）展开的，对此《三国志·周瑜传》记曰："军遂败退，备与瑜等复其追，曹公留仁等守江陵地，径自北归。"

"瑜与程普又进南郡，与仁相对，各隔大江……仁由是遂退。"

"——周瑜中箭右胁，疮甚便还……仁由是遂退。"

自此，赤壁之战才宣告结束。

以上史实，充分证明，赤壁之战首尾都是周瑜统领。

周瑜是孙吴最高统帅孙权派遣的前线总指挥。

参战诸将　拥戴公瑾

《三国志》载，赤壁之战孙吴各主要参战将领名单如下：

程普　与周瑜为左右督，破曹公于乌林，又进南郡，走曹仁。
《三国志·程普传》

吕蒙　与周瑜、程普西破曹公于乌林，围曹仁于南郡。
《三国志·吕蒙传》

甘宁　随周瑜拒破曹公于乌林，走曹仁于南郡。
《三国志·甘宁传》

凌统　与周瑜等拒破曹公于乌林，遂攻曹仁。

《三国志·凌统传》

韩当　与周瑜拒破曹公，又与吕蒙袭取南郡。

《三国志·韩当传》

周泰　与周瑜、程普拒曹公于赤壁，攻曹仁于南郡。

《三国志·周泰传》

黄盖　随周瑜拒曹公于赤壁，建策火攻，语在瑜传。

《三国志·黄盖传》

吕范　曹公至赤壁，与周瑜等俱拒破之。

《三国志·吕范传》

如此多史料，又明白无误地证明，周瑜为赤壁之战前线总指挥。没诸葛亮什么事。

　　细心读者会惊奇地发现《三国志》作者陈寿无比细心，说得非常清楚，即"破"曹公是在"乌林"，而"拒"曹公是在"赤壁"，只有黄盖与吕范二人既拒又破了曹公，此史实又破解了几个所谓不解之谜。现代三国研究者，可说是多数人不知乌林、赤壁相对位置，就奢谈"火烧赤壁"，能不成永远解不开的谜吗？而"火烧赤壁"不是自焚吗？

　　乌林与赤壁隔长江相对，乌林在江北岸，南岸为赤壁，地势南高北低，乌林北为神秘莫测之云梦大泽，赤壁南为中低山原。直距不过3公里，冬季水面不过1公里左右。赤壁上溯9公里为只一出口的太平湖（黄盖湖）。

曹操在巴丘三江口初战失利后，"引次江北，瑜等在南岸"的记载，说明曹操的主力在江北乌林及靠长江水流北侧，周瑜在赤壁及沿江南侧，包括稍上游的黄盖湖乃周瑜主力所在，火烧的是乌林，即《周瑜传》所载："尽烧北船!"几乎全部史家，至今还在喊："火烧赤壁"，乃犯了常识错误。

从上述史料可清晰看到，孙吴八大将中，有吕蒙、凌统、韩当、甘宁等大将在周瑜和副帅程普统领下，主攻江北乌林，而周泰、黄盖、吕范在周瑜统领下，先在赤壁（自上游9公里之太平湖顺流下赤壁，即长江南）拒曹公，至黄盖接近曹营纵火后，方率众接应黄盖……

周瑜为前线总指挥，统领全局，程普为副总指挥，没孔明什么事。

从史料中还可清晰看到，孙吴参战诸将，皆拥戴周瑜这个左督，这也是铁的事实。

出师未捷身先死

周瑜自十七八岁鼎力相助孙策回江东发展，已有十八九年了，早过"而立"，经生死搏斗，惊心动魄的火烧乌林，强大的曹操再也不敢染指江南河山。可今既与曹操为敌，刘备近在公安，边境密迩，百姓未附，此时周瑜虽身中曹仁毒箭，西征伐蜀大计再次唤起周瑜强烈征战意愿，恰在此刻，孙权回复了他的请求。

"权许之。瑜还江陵为行装，而道于巴丘病卒，时年三

十六。权素服举哀，感恸左右。"（《三国志·周瑜传》）

此史载表明，周瑜在赤壁之战后，又向孙权提出西征伐蜀的建议，孙权同意了，为此周瑜要准备至少年许粮草，上万兵力，这么大行装，到那儿去准备呢？到巴丘调兵遣将，备办粮草，此说明巴丘乃孙吴强大后援供给地和重要军事要塞。

对此，有新史料记曰："巴丘有大屯戍，鲁肃守之。""巴丘实筑二城，巴丘城以屯兵（大屯戍），邸阁城以屯粮。"〔1996.9长沙走马楼出土大量（17万件）吴简，明确指出所谓邸阁为"征集、收藏、转运"物资场所〕足见，该时巴丘有粮可集，有兵将可遣。巴丘邸阁早为孙吴八大邸阁之一。

为此，周瑜不顾一切，日夜紧张忙碌，召开一个个协调军事会议，实地察视粮草调运，赴柴桑同孙权商议遣将之事。娇妻小乔除要养育两男一女服侍婆母外，心疼夫君，与丫鬟端上巴丘湖上好莲子羹、人参汤或消箭伤药汁，满巴丘城里觅夫君，也难见一面……

如此不要命地连月操劳，终于备好了这个大行装，夤夜告别妻儿和母亲何夫人，站在指挥楼船前头，雪亮的指挥刀往夜空前方一指，疾声地："起航……"

当大军浩浩荡荡西行至巴丘城对河今君山柳林镇芦花洲（又名楼花洲、芦花荡）长江水域时，因劳累加毒箭伤发作，万般无奈下，只得由中郎将韩当护送返巴丘家中救治，由副帅孙瑜率众继续西行……

　　孙权十万火急派最好国医前来与董医官共同施治，娇妻小乔贴身护理，夫君呼"痛！"小乔以瘦弱之身垫于夫君身下以解夫痛。丫鬟、书童等跑上跑下，不是送喂药汁就是送人参汤……

　　国医一次次施银针刺入救命穴，喂山参等上好药汁，周瑜一次次死去活来，每当苏醒他就伸出右手，吃力地呼喊："拿文房四宝！有话向主公说！"娇妻在夫君耳旁心痛地哭道："夫君！有话容后说不迟！……""太迟！……"

　　晌午，周瑜卧病在榻，夫人乔玫刚扶他服药，用被子垫高榻栏让他半卧于榻上。此刻，孙瑜派快使送信到，周瑜览信怒起，大叫一声："刘玄德欺人太甚，竟敢阻我西行，此枭雄气煞我也！"突然一口气接不上来，将信落于榻下，头耷拉于枕头上。乔夫人急得不知如何是好，猛喊书童、丫鬟和当值官："快请军邸董医官救治！……"

　　周瑜内心十分明白，自伐蜀备兵日起，就自觉精疲力乏，纵使乔夫人服侍无微不至，军中医术高手不断医治，自己虽只三十五岁挂零，尚属青年，然长达十几年的军旅生涯，生死搏斗、运筹帷幄，冲锋于军卒之前，既思虑过度，又饮食失调，更兼攻江陵时中曹仁毒箭在体，早已危及五脏六腑，遗患无穷。此次恐难躲过一劫，他轻轻摇头制止，不必医治了。

　　周瑜合眼调息呼吸待情绪平稳，他思绪万千。往事如烟，历历在目，但想得更多的是大丈夫顶天立地，能这样横刀跃马，所向披靡，叱咤风云，威震华夏，虽年纪轻轻就死去，又有何憾呢？但他最担心的是国家尚处"内忧外患"境况之下，深觉孙吴大业未就，妻寡儿孤，生离死别，不觉心中酸楚。

周瑜微张俊目，张口喊丫鬟端茶来，略饮一口就要翻身起来，垫在他身下的乔玫立感他充满强力的动作，就随势挺身抱住他，口中急呼："郎君！你要做啥？""快扶我去书案，我有话要留给主公！"众人只得前后扶他来到书案前坐定，丫鬟和董医官左右扶住，冬儿铺开白锦摆好笔墨，月霞帮周瑜紧握笔杆，只见他双眼射出近日少见的光芒，向前看了一下，就奋笔疾书，只见那白锦上立马流淌出一行行字来。冬儿忙将白锦往前拉，其疏书与孙权曰："主公！当今天下，方有事役……"

之后，笔尖浓墨点滴成蛇纹状，未成字形，整个身子就歪在小乔和医官身上……

周瑜不由自主地将头歪于胸前，笔落于地，小乔、董医官和书童、丫鬟等忙抬抱周瑜卧于榻，医官忙不停地掐人中，乔玫和冬儿搂住周瑜，董医官不停地用银针刺其急救穴位，丫鬟再端来人参汤，小乔紧抱着他，口中不停地柔声道："你会好的！你会好的！夫君！"约莫半刻，见周瑜双眼放出异样的光芒，挣开娇妻的拥抱，微笑着对众人说："我还未写好，要再写。"此刻他脑中突然想起历代皇帝多是只思享乐而亡者，故他又挣扎起身要去书案，小乔心痛地说："你为何如此不要命啊！"周瑜使尽全身力气扑向书案继续写他的《上疏书》。《三国志·鲁肃传》中是这样记载的：

"周瑜病困，上疏曰：'当今天下，方有事役，是瑜乃心夙夜所忧，愿至尊先虑未然，然后康乐。今既与曹操为敌，刘备近在公安，边境密迩，百姓未附，宜得良将以镇抚之。鲁肃智略足任，乞以代瑜。瑜陨踣之日，所怀尽矣。'"孙权即拜肃奋武校尉，代瑜领兵。

周瑜用尽全身之力，写完最后一个字，长嘘一声，溘然长逝。

小乔和儿女们及中护军府辅佐官吏军士等人均伤心痛哭不已，书童、丫鬟与当值官佐全力扶住哭成一团的小乔，全军将士一闻噩耗，想起身为统帅却冲锋在前、与军士们打成一片的周瑜竟英年早逝，无不扼腕叹息痛哭……

孙权一接到周瑜病逝的噩耗和周瑜的疏书，连连顿足而默然泪下，连声哀叹。他立即脱去官服，戴素巾，身着素服，急速赶到巴丘奔丧，并接受韩当、鲁肃的建议，鉴于江东少数民族山越人的叛乱和曹刘之敌视，为保周瑜灵身的安全，必须当机立断以虚实之计妥善安葬周瑜。那就是以周瑜旧衣冠装入另一棺中，派一支精干水军扶灵柩沿长江东下，并气势浩大将此灵柩送到他的故乡庐江郡舒城县安放其祖墓处，以浩浩荡荡队伍迷惑敌人。这就是《三国志·周瑜传》讲的："丧当还吴又迎之芜湖"记载。

实际上，当时悄悄地将他入殓遗体的灵柩安葬于僻静的巴丘山（金鹗山）后临邕湖的丘岗上。

孙权接受周瑜生前建议，"拜鲁肃为奋武校尉，代瑜领兵，鲁肃初住江陵，后下屯陆口，威恩大行，众增万余人，拜汉昌太守，偏将军，随孙权破皖城（今安庆市），转拜横江将军"。214 年，鲁肃才移镇巴丘，了却周瑜遗愿。

曹操听到孙权按照周瑜疏书对鲁肃的安排，气极掷笔于地，并废除对曹仁的任命。

昔日情深妾难忘

七七四十九天后，东吴朝廷派人前来巴丘悄悄祭奠周瑜。

丫鬟一干人形影不离地照顾乔玫。小乔虚弱的身体稍稍恢复些，便来到周瑜灵位前撕心裂肺哀泣："阴阳阻隔兮，生死茫茫！昔日之情深兮，使妾难忘！君若有灵兮，请君来共尝。妾呆痴情兮，空想一场！……"小乔将三杯酒洒向前方。

第二年清明，小乔由丫鬟扶着，来到巴丘山南麓花坟坡周瑜墓地祭奠，她对丫鬟说："人虽杳，情难绝，心不死，情不灭……"

229 年，孙权在建邺称帝后，没有忘记在巴丘的二位嫂夫人大乔和小乔，特派使者持诏书到巴丘邸阁周府，恳请二位到皇城居住。孙策遗孀大乔和周瑜遗孀小乔婉言呈书谢绝："巴丘邸阁城属下隽县境之西部，位巴丘湖东岸，三面临水，丘岗逶迤，北临长江。西望巴蜀，南望桂粤，东联豫章。冬暖夏凉。巴丘湖浩浩荡荡，巴丘山郁郁葱葱，君山岛远山含黛，湖岸杨柳依依，湖中鱼虾味美，稻麦飘香；邸阁仓厂栉比，九华山花木扶疏，民风纯朴，民俭勤朴，尚文崇武。"她们写尽了巴丘之美后，话锋一转写道：

"巴丘虽难媲美皇城建邺，而我俩知足矣！况公瑾坟茔在巴丘山后，更应春扫秋祭乎，情兮毋忘！特此奉告。万谢大帝恩准哉！"

孙权接回书阅后，长长叹气。他深知两位嫂夫人从小形影不离，只二人出嫁后分别过三四年。大嫂年轻寡居吴郡，后来周瑜夫妇将其接到巴丘邸阁城，姐妹重新团聚，再也没有分开。现皆成孀居老人，更不愿分离。合乎人之常情。孙权深解二位嫂夫人之心，恩准了她们的心愿。孙权自此不断派使者送来财物和慰问，由朝廷负起赡养之责。

大乔和小乔一直居住在巴丘，直至东吴大帝嘉禾元年（232年），二乔姐妹俩相继在巴丘病逝。孙权得知后十分伤心，派大乔的女婿、大将陆逊来巴丘为其举行隆重的葬礼，遵二乔生前遗愿，安葬于九华山南麓、中护军府后花园剪刀池畔。

周瑜身后任人评说

《三国演义》评周瑜

《三国演义》中，周瑜、鲁肃二人被无端丑化到极致。周瑜丑化为一心想杀孔明，却被孔明气死的小人。鲁肃被丑化为毫无主见，被孔明牵着鼻子走的老好人。《三国演义》将孔明集萧何、张良和韩信于一身，不但决胜千里，且神机妙算、未卜先知，任何人，只要按他的"锦囊妙计"行事，就会战无不胜，攻无不克，连刘备集团的大将如关羽、张飞、赵云等，都是孔明的提线木偶。

此全为小说编造，不是历史。

自古至今，各方人士委实在呼吁为周瑜平反昭雪。新中国著名诗人、散文家、中国原作协理事、《香港文汇报》总主笔、人民文学出版社副总编兼古典文学部主任聂绀弩先生，在为《三国演义》再版所作前言中（见《岳麓书社》重印《三国演义》1993.8版）对周瑜进行了惋惜的评价，现摘录如下：

聂先生心痛地说："《三国演义》有'三气周瑜'不但剥夺了周瑜的东西，简直把他的性命也了结了。使他临死还说'既生瑜何生亮'。"

聂先生指出：《三国演义》从杜牧《铜雀台怀古》诗中"东风不与周郎便，铜雀春深锁二乔"中悟出了两点，一是，从二乔与东吴人物关系，说诸葛亮去东吴游说，劝周瑜献"民间二女"二乔与曹操，曹操自然退兵，激起周瑜破曹决心，好像东吴破曹全由诸葛亮激起。二是更重要的是东风，非有东风，决难取胜，而东风只有诸葛亮能祭，于是破曹首功，当然首推诸葛亮。

岳阳人评说周瑜

周瑜断续与娇妻在巴丘生活了12年，占他36岁生命的三分之一，完全可说巴丘是他的第二故乡。那么，第二故乡乡亲对周瑜的德才是如何评价的呢？推为六贤之首，名宦榜第一。

在岳阳历史上，为官和守将如过江之鲫，岳阳建有六贤祠和名宦榜，有突出贡献者才能入选。周瑜和鲁肃名列第一和第二。

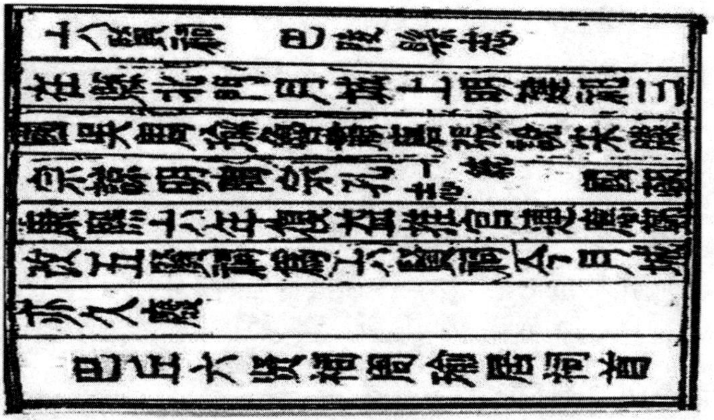

图10

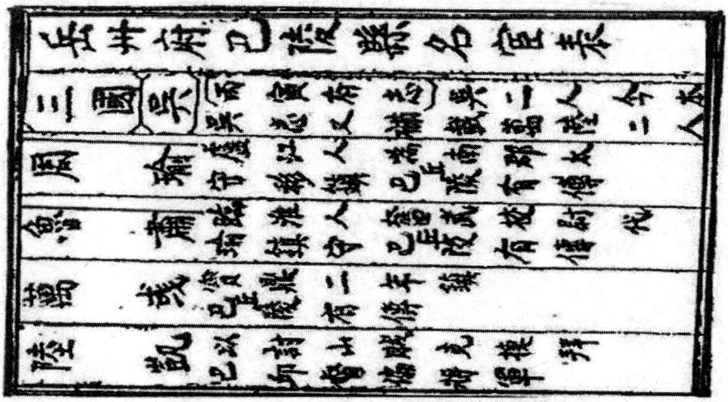
岳州府巴陵縣名宦表

图9

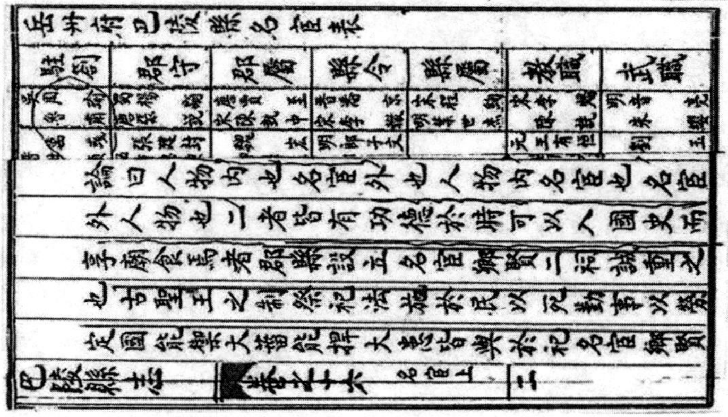
岳州府巴陵縣名宦表

論曰人物內也名宦外也人物內名宦也名宦外人物也二者皆有功德於時可以入國史而享廟食焉者郡縣設立名宦鄉賢二祠誠重之也古聖王之制祭祀法施於民以死勤事以勞定國能禦大菑能捍大患皆與於祀名宦鄉賢

巴陵縣志　卷之十六　名宦上　三

图8

《巴陵县志》给出的"入祠"和"名宦榜"之条件是："皆有功德于是可以入国史……以死勤事，以劳定国，能御大菑，能捍大患，皆与于记。古圣人制，祭祀法施于民。"（见图8—10）

为岳阳后人推崇的张说、滕子京位居周瑜之后，足见周瑜、鲁肃在岳阳先人心目中占据着至高无上的地位。

《三国志》评说周瑜

陈寿的《三国志》对记述的441位历史人物（皇室成员及其亲属等除外）均做了总评，主要人物评如：曹操：人杰；孙策：英杰；孙权：英杰；刘备：英雄；周瑜：奇才；鲁肃：奇才；诸葛亮：良才。

441位历史人物，周瑜、鲁肃被评为"奇才"，诸葛亮则为"良才"。奇才与良才，显然"奇"高一等。陈寿在《诸葛亮传》末尾总评曰："治成为长，奇谋为短，理民之干，优于将略。"就是说，谋略和将略打仗，恰是孔明的短处。易中天亦说，诸葛亮是萧何，不是张良和韩信。陈寿对孔明的评价应说是实事求是的。

《三国志·吴书九》：曹公乘汉相之资，挟天子而扫群杰，新荡荆城，仗威东夏，于时议者莫不疑贰。周瑜、鲁肃建独断之明，出众人之表，实"奇才"也。

《三国志·吴书九》：瑜雅量高致，非言辞所间。

《三国志·吴书九》：公瑾文武筹略，万人之英．顾其器量广大，恐不久为人臣耳。

《三国志·吴书九》：瑜威声远著，故曹公，刘备咸欲疑谮之。

《三国志·吴书九》：公瑾有王佐之资，今忽短命，孤何赖哉！后权称尊号，谓公卿曰："孤非周公瑾，不帝矣。"

《东吴老将程普·吴书九》：与周公瑾交，若饮醇醪，不觉自醉。

《三国志·吴书九》：瑜少精意于音乐。虽三爵之后，其有阙误，瑜必知之，知之必顾，故时人谣曰："曲有误，周郎顾。"

《三国志·吴书九·孙策》：周公瑾英俊异才，与孤有总角之好，骨肉之分。

《三国志·吴书九》孙权曰：公瑾雄烈，胆略兼人，遂破孟德，开拓荆州，邈焉难继，君今继之……子明……学问开益，筹略奇至，可以次于公瑾，但言议英发不及之耳。

诸葛瑾、步骘联名上疏曰："臣窃以瑜昔见宠任，入作心膂，出为爪牙，衔命出征，身当矢石，尽节用命，视死如归，故能摧曹操于乌林，走曹仁于郢都，扬国威德，华夏是震，蠢尔蛮荆，莫不宾服，虽周之方叔，汉之信、布，诚无以尚也。"

晋代人评周瑜

西晋·陆机：伤法修师，则威德翕赫。宾礼名贤，而张公为之雄；交御豪俊，而周瑜为之杰。彼二君子皆弘敏

145

而多奇，雅达而聪哲，故同方者以类附，等契者以气集，江东盖多士矣。

东晋·袁宏《三国名臣赞序》：公瑾卓尔，逸志不群。总角料主，则素契于伯符；晚节曜奇，则叁分于赤壁。惜其龄促，志未可量。公瑾英达，朗心独见。披草求君，定交一面。桓桓魏武，外讬霸迹。志掩衡霍，恃战忘敌。卓卓若人，曜奇赤壁。三光参分，宇宙暂隔。

《淮南子》曰：夫道，绹宇宙而章三光。高诱曰：三光，日月星也。

唐代人评周瑜

唐建中三年（782 年）礼仪使颜真卿建议唐德宗追封古名将 64 人，并为他们设庙享尊。三国名将为周瑜、关羽、张飞、张辽、吕蒙、陆逊、邓艾、陆抗。周瑜名列第一。

宋代人评周瑜

南宋·陈亮《史论·酌古论·吕蒙》：呜呼！使周公瑾而在，其智必及乎此矣。吾观其决谋以破曹操，拓荆州，因欲进取巴蜀，结援马超以断操之右臂，而还据襄阳以蹙之，此非识大略者不能为也。使斯人不死，当为操之大患，不幸其志未遂而天夺之矣。孙权之称号也，顾群臣曰："周公瑾不在，孤不帝矣。"彼亦知吕蒙之徒止足以保据一方，而天下之奇才必公瑾乎。

陈亮（1143—1194），原名汝能，后改名陈亮，字同甫，号龙川。婺州永康（今属浙江）人。婺州以解头荐，因上《中兴五论），奏人不报。孝宗淳熙五年（1178年），诣阙上书论国事。后曾两次被诬入狱。绍熙四年（1193年）光宗策进士第一，状元。授签书建康府判官公事，未行而卒，谥号文毅。著有《龙川文集》《龙川词》。

南宋·洪迈《容斋随笔》卷五：说者谓天无大风，黄盖不进计，周瑜未必胜。此不善观人者也。方孙权问计于周瑜，瑜已言操冒行四患"将军擒之，宜在今日"；刘备见瑜，恨其兵少，瑜曰："此自足用，豫州但观瑜破之。"

洪迈（1123—1202），字景卢，号容斋，洪皓第三子，南宋饶州鄱阳（今江西省上饶市鄱阳县）人。南宋著名文学家。

南宋·萧常：孙策攻打刘繇之时，济于横江，大破之于牛渚（即采石矶）。周瑜从攻横江当利及东渡击枺陵，则知在江北。或曰：此功为大，每以语简而忽之，遂令乌林之役独传。

宋宣和五年（1123年）追封：追封古代名将七十二人，周瑜名列其中。

北宋《十七史百将传》，周瑜名列其中。

宋徽宗追尊周瑜为平虏伯，位列唐武庙六十四将，宋武庙七十二将之一。

元代人评周瑜

元·胡三省《资治通鉴音注》此数语所谓相时而动也。然瑜之言不悖大义，鲁肃、吕蒙辈不及也。

胡三省（1230—1302），字身之。台州宁海（今浙江宁海）人。宋元之际史学家。南宋理宗宝祐年间进士。历任县令、府学教授等职。应贾似道召，从军至芜湖，屡有建言，贾似道专横不用。后隐居不仕。自宝祐四年（1256 年）开始专心著述《资治通鉴广注》得 97 卷，论 10 篇。临安（今浙江杭州）失陷后，手稿在流亡新昌（今广东台山）途中散失。宋亡后，重新撰写。元世祖至元二十二年（1285 年）完成《资治通鉴音注》294 卷及《释文辩误》（12 卷），对《通鉴》做校勘、考证解释，对《释文》做辩误，并对史事有所评论。

清代人评周瑜

清·李安溪《三国志集解》：规图荆、益，及制曹、刘之策，着着机先，真英物也。

周瑜在则可，如无瑜者，权必不能独挡曹，无玄德则无吴耳，子敬之谋未为非也。

近现代人评周瑜

民国卢弼《三国志集解》：公瑾生长江、淮，谙识险要，出入彭、蠡，久涉波涛，熟筹彼我，用能以寡击众，遁走阿瞒，一战而霸，克建大勋，玄德谓为本文武筹略，万人之英者，岂虚语哉。或曰："公瑾不死，操之忧也，先主亦安能定蜀乎?"

卢弼（1876—1967），字慎之，号慎园。湖北沔阳人。是直隶提学使卢靖弟。早岁肄业湖北经心、两湖书院，受教于杨守敬、邹代钧。后留学日本早稻田大学，攻读政治经济学。学成归国后曾任国务院秘书等要职。以 91 岁高龄在津门病逝。撰有《三国志集解》《三国志集注补》《三国志引书目》《三国志职官录》及《三国志地理今释》等；著有《慎园文选》及《慎园笔记》等。与兄卢靖合著《四邮库湖北先正遗书提要》，助兄收藏、编校、刊印《湖北先正遗书》《沔阳丛刻》和《慎始基斋丛书》等。

胡适：三气周瑜是故事，把周瑜写成了"奸刁险诈的小人。"

鲁迅：状诸葛多智而近妖。

诗词联颂周瑜

吴鼓吹曲十二曲　其三摅武师
魏晋·佚名

据武师，斩黄祖。攘夷凶族，革平西夏。炎炎大烈震天下。

吴鼓吹曲十二曲　其四伐乌林
魏晋·佚名

曹操北伐拔柳城，乘胜席卷遂南征。刘氏不睦，八郡震惊。众既降，操屠荆，舟车十万扬风声。议者狐疑虑无成，赖我大皇发圣明。虎臣雄烈周与程，破操乌林，显章功名。

赤壁歌送别
唐·李白

二龙争战决雌雄，赤壁楼船扫地空。
烈火初张照云海，周瑜曾此破曹公。
君去沧江望澄碧，鲸鲵唐突留余迹。
一一书来报故人，我欲因之壮心魄。

过南岳入洞庭湖
唐·杜甫

洪波忽争道，岸转异江湖。

鄂渚分云树，衡山引舳舻。

翠牙穿褁桨，碧节上寒蒲。

病渴身何去，春生力更无。

壤童犁雨雪，渔屋架泥涂。

攲侧风帆满，微冥水驿孤。

悠悠回赤壁，浩浩略苍梧。

帝子留遗恨，曹公屈壮图。

圣朝光御极，残孽驻艰虞。

才淑随厮养，名贤隐锻炉。

邵平元入汉，张翰后归吴。

莫怪啼痕数，危樯逐夜乌。

听　筝

唐·李端

鸣筝金粟柱，素手玉房前。

欲得周郎顾，时时误拂弦。

纥那曲

唐·刘禹锡

杨柳郁青青，竹枝无限情。

周郎一回顾，听唱纥那声。

踏曲兴无穷，调同词不同。

愿郎千万寿，长作主人翁。

春怀引

唐·李贺

芳溪密影成花洞，柳结浓荫香带重。
蟾蜍碾玉挂明弓，捍拔装金打仙凤。
宝枕垂云选春梦，钿合碧寒龙脑冻。
阿侯系锦觅周郎，凭仗东风好相送。

赤 壁

唐·杜牧

折戟沉沙铁未销，自将磨洗认前朝。
东风不与周郎便，铜雀春深锁二乔。

惠守詹君见和复次韵

宋·苏轼

已破谁能借甔盆，颓然醉里得全浑。
欲求公瑾一囷米，试满庄生五石樽。
三杯卯困忘家事，万户春浓感国恩。
刺史不须邀半道，篮舆未暇走山村。

次韵王都韵偶得耳疾

宋·苏轼

君知六凿皆为赘，我有一言能决疣。
病客巧闻床下蚁，痴人强觑棘端猴。
聪明不在根尘里，药饵空为婢仆忧。
但试周郎看聋否，曲音小误已回头。

念奴娇·赤壁怀古
宋·苏轼

大江东去，浪淘尽，千古风流人物。故垒西边，人道是，三国周郎赤壁。乱石穿空，惊涛拍岸，卷起千堆雪。江山如画，一时多少豪杰！　遥想公瑾当年，小乔初嫁了，雄姿英发。羽扇纶巾，谈笑间，樯橹灰飞烟灭。故国神游，多情应笑我，早生华发。人生如梦，一尊还酹江月。

吊周瑜诗
南宋·范成大

年少曾将社稷扶，三分独数一周瑜。
世间豪杰英雄士，江左风流美丈夫。

赤壁图二首
元·陆文圭

公瑾子瞻二龙，文辞可故武功。
欲怪紫烟烈焰，不如白月清风。

乌台夜雨伤神，赤壁和风岸巾。
此老眼空四海，舟中二客何人。

小乔观书
明·王绂

云髻新妆珠翠团，杏花零落晓风寒。

每怜春事伤心处，偷把周郎曲谱看。

过小乔故居
清·任鸣盛

顾曲风流叶凤箫，深深庭院昔藏娇。

巴邱南去随公瑾，江水东流忆小乔。

几树晚花开笑靥，隔溪垂柳学宫腰。

美人应感君恩重，儿女联婚锦瑟调。

赤　壁
清·刘子壮

赤壁千年古迹疑，漫劳过客访残碑。

虽无一炬周郎烈，却有三秋苏子祠。

道士梦中犹借鹤，将军江上岂无龟。

山川自为文人重，谁起泉涂问是非。

念奴娇·周瑜宅
清·郑板桥

周郎年少，正雄姿历落，江东人杰。八十万军飞一炬。

风卷滩前黄叶。楼舻云崩，旌旗电扫，射江流血。咸阳三

154

月，火光无此横绝。想他豪竹哀丝，回头顾曲。虎帐谈兵
歇。公瑾伯符天挺秀，中道君臣惜别，吴蜀交疏。炎刘鼎
沸，老魅成奸黠。至今遗慢，秦淮夜瘦幽咽。

诸葛焉能比周郎
当代·周毅

街亭失守空挥泪，六出祁山无功回。
川中将阙廖化前，人才凋敝蜀相悲。
火烧赤壁运雄韬，顾曲风流千古垂。
天命苦与周郎便，何来鼎足一统归。

2011 年 12 月 23 日晨

周毅，周瑜后人，贵州大方县人，当代诗人、作家，
著诗《再生缘》，大周文化发展有限公司董事长兼总经理。

凭吊周瑜联

佚名题江苏省无锡周公瑾祠：

大帝君臣同骨肉；小乔夫婿是英雄。

佚名题江苏省无锡周公瑾祠：

顾曲有闲情，不碍破曹真事业；
饮醇原雅量，偏怜生亮并英姿。

佚名题湖北省蒲圻县翼江亭

　　江水无情红，凭吊当年谁别识，子布卮言，兴霸良策；

　　湖山一望碧，遗留胜迹犹怀想，周郎声价，陆弟风徽。

佚名撰周姓宗祠通用联：

　　　　　　奋身除害；决策破曹。

陈炽所撰九江烟水亭联：

　　胜迹表宫亭，况恰当芦阜南横，大江东去；

　　平湖波烟月，谁补种四周杨柳，十里荷花。

　　注：此地乃当年周瑜点将台处，宋代理学家周敦颐曾在此讲学，取"山头水色薄笑烟"诗意，名烟水亭。

岩寺上九戏台楹联七副之一：

　　大千世界，到民国三年，再休误拂弦歌，致使周郎长顾曲；

　　上九风光，先立春一日，依样各涂粉墨，笑看优孟又登场。

清人朱蓝坡撰东坡赤壁联：

　　胜迹别嘉鱼，何须订异箴讹，但借江山摅感慨；

　　豪悄传梦鹤，偶尔吟风弄月，毋将赋咏概平生。

江西吴城望湖亭对联：

地以人传，溯自周郎习战，苏子题词，仙吏将才，千古各成奇迹；

天留我住，放教彭蠡风帆，匡庐瀑布，水光山色，一时都入壮观。

岳阳小乔墓联

巴戍人空悲夜雨；女贞木落吊秋风。

——佚名题湖南省岳阳小乔墓庙

拂弦顾曲，话周郎竟能赤壁鏖兵，恨消铜雀；

同穴湘山，羡妃子抚此东吴抔土，望断秭归。

——佚名题湖南省岳阳小乔墓庙

绿珠犹作坠楼人，铜雀春深，最恨旧传非礼语；

二女远来巡狩地，潇湘月冷，可怜因有未归魂。

——佚名题湖南省岳阳小乔墓庙

战士久无冢，赤壁清风苏子赋；

佳人犹有冢，黄陵芳草杜鹃啼。

——张浚题湖南省岳阳小乔墓庙

芳冢吊斜阳，一树女贞长不死；

大江流日夜，千秋环佩可归来。

    ——张浚题湖南省岳阳小乔墓庙

夫婿是英雄，虽香闺妙解，谈兵筹策，无须内助；

名姝隆际遇，喜良人才高，顾曲唱和，别有知音。

    ——梁殿钧题湖南省岳阳小乔墓庙

一梦黄粱，何处是英雄割据；

独留青冢，亦足拓名士襟怀。

    ——周延俊题湖南省岳阳小乔墓庙

枹鼓谢吴宫，铜雀春深千古恨；

佩环遗楚泽，杜鹃啼破一天愁。

    ——周延俊再题湖南省岳阳小乔墓庙

巴丘本夫婿殂落之墟，亦足为欢，同上将台谈往事；

北渚随湘君淹回以后，幸能作伴，莫依木叶怅秋风。

    ——陈逢元题湖南省岳阳小乔墓庙

铜雀锁春风，可怜歌舞楼台，千古不传奸相冢；

杜鹃啼夜月，也是英雄夫婿，三更犹悼美人魂。

    ——李秀峰题湖南省岳阳小乔墓庙

古木犹传贞女意；名山不道小姑归。
　　　　　　——陈诒笨题湖南省岳阳小乔墓庙

铜雀有遗悲，豪杰功随三国殁；
紫鹃无限恨，潇湘月冷二乔魂。
　　　　　　——陈诒笨再题湖南省岳阳小乔墓庙

小苑辟从今，对马鬣一杯，秋风酒酹湖苹白；
大姨渺何处，独蛾眉千秋，春雨香留蔓草青。
　　　　　　——陈诒笨再题湖南省岳阳小乔墓庙

姊妹花残，青草湖边双断雁；
佩环月冷，紫藤墙外有啼鹃。
　　　　　　——吴树楷题湖南省岳阳小乔墓庙

世界已非唐虞，近接丛祠，生喜有邻傍舜妇；
英雄不及儿子，虚传疑冢，死怜无地葬曹瞒。
　　　　　　——吴恭亨题湖南省岳阳小乔墓庙

铜雀算老瞒安乐窝，卖履晚无聊，一世雄尽，美人亦尽；
洞庭是夫婿战利品，埋香兹有托，三分鼎亡，抔土不忘。
　　　　　　——吴恭亨再题湖南省岳阳小乔墓庙

阿姨渺何存，想当佩环来归，应共话洞庭夜月；

老瞒空欲锁，把此松楸凭吊，最难忘赤壁东风。

———袁少枚题湖南省岳阳小乔墓庙

问薄游岳阳，彼鲁肃墓巍巍在旁，初不闻诸君馨香俎豆；

使竟锁铜雀，同息夫人脉脉饮恨，奚足令过者凭吊咨嗟。

———袁少枚再题湖南省岳阳小乔墓庙

汉昌奉邑，岳阳将台，夫婿昔登坛，横槊南来消霸气；

楚冢新封，吴宫冷闭，阿姨谁荐食，大江东去有余哀。

———蔡乃煌题湖南省岳阳小乔墓庙

附录1：

吴都督周公瑜敕旨

奉天承运，皇帝诏曰：

咨尔开业元勋，推诚宜力武臣大都督府理军国重务，知南郡太守、护军周瑜，孤思人生天地之间，思亲之深者，莫过于骨肉，此天道然，不待教而然也。尔公瑾为吾兄嫂妹乔氏所妻。孤创业以来，尔自提兵柴桑，金枢武昌，开省鄱阳，讨克皖城，矢捷朱陵，据割江东，定鼎建业，却授兵于诸镇，所至抚驭有方人怀。尔惠又能与豫州协规同力破操于赤壁，逼曹仁弃江陵，而分南岸地给与刘，威震宇宙，俊功盖著。孤兄与尔则两婕亲属，内全骨肉之恩，外托全臣主之义，天下已定，论功行赏，孤先无以报尔是用，加尔爵禄，使尔子孙，世世承龚。孤本疏愚，皆遵前代之典礼，兹与尔誓：若谋逆不宥犯罪，俱免，以报尔功。于戏！尔瞻于我如兄存焉，当恪忠节光，辅孤室永延。世禄与国同久，宜令周瑜准此。

敕　命

建安十五年（210 年）正月十五日

之　宝

引自《渔塘周氏家乘》民国三十七年（1948 年）刻板。

附录2：

周瑜文存选编

一、不送人质

昔楚国初封于荆山之侧，不满百里之地，继嗣贤能，广土开境，立基于郢，遂据荆扬，至于南海，传业延祚，九百余年。今将军承父兄余资，兼六郡之众，兵精粮多，将士用命，铸山为铜，煮海为盐，境内富饶，人不思乱，泛舟举帆，朝发夕到，士风劲勇，所向无敌，有何逼迫而欲送质。质一入，不得不与曹氏相首尾，与相首尾，则命召不得不往，便见制于人也。极不过一侯印，仆从十余人，车数乘，马数匹，岂与南面称孤同哉？不如勿遣，徐观其变。若曹氏能率义以正天下，将军事之未晚。若图为暴乱，兵犹火也，不戢将自焚。将军韬勇抗威，以待天命，何送质之有！

（见《三国志·吴书·周瑜传》注引《江表传》）

备注：文字背景是202年，曹操兵威日盛，下书孙权送人质以示忠。孙权召开群臣商议会，大臣张昭等举棋不定，孙权欲不送质。夜，孙权特与周瑜见其母商议。周瑜当孙权母言称：不送人质。

二、赤壁之战战前会议

周瑜：不然，操虽托名汉相，其实汉贼也。将军以神

162

武雄才，兼仗父兄之烈，割据江东，地方数千里，兵精足用，英雄乐业，尚当横行天下，为汉家除残去秽。况操自送死，而可迎之耶？请为将军筹之：今使北土已安，操无内忧，能旷日持久，来争疆场，又能与我校胜负于船楫，可也；今北土既未平安，加马超、韩遂尚在关西，为操后患，且舍鞍马，仗舟楫，与吴越争衡，本非中国所长，又今盛寒，马无蒿草，驱中国士众远涉江湖之间，不习水土，必生疾病。此数四者，用兵之患也，而操皆冒行之。将军擒操，宜在今日。瑜请得精兵三万人，进驻夏口，保为将军破之。（见《三国志·吴书·周瑜传》）

诸人徒见操书，言水部八十万，而各恐慑，不复料其虚实，便开此议，甚无谓也。今以实校之，彼所将中国人，不过十五六万，且军以久疲，所得表众，亦极七八万耳，尚怀狐疑。夫以疲病之卒，御狐疑之众，众数虽多，甚未足畏。得精兵五万，自足制之，愿将军勿虑。

（见《三国志·吴书·周瑜传》注引《江表传》）

三、徙备置吴疏

刘备以枭雄之姿，而有关羽、张飞虎熊之将，必非久屈为人用者。愚为大计宜徙备置吴，盛为筑宫室，多其美女玩好，以娱其耳目，分此二人，各置一方，使如瑜者得挟与攻战，大事可定也。今猥割土地以资业之，聚此三人，俱在疆场，恐蛟龙得云雨，终非池中物也。

（见《三国志·吴书·周瑜传》）

四、取蜀议

今曹操新折衄，方忧在腹心，未能与将军连兵相事也。乞与奋威（孙权堂兄弟孙瑜将军号）俱进取蜀，得蜀而并张鲁，因留奋威固守其地，好与马超结援。瑜还与将军据襄阳以蹙操，北方可图也。

（见《三国志·吴书·周瑜传》）

五、病中上吴主笺

瑜以凡才，昔受讨逆殊特之遇，委以腹心，遂荷荣任，统御兵马，志执鞭弭，自效戎行。规定巴蜀，次取襄阳，凭赖威灵，谓若在握。至以不谨，道遇暴疾，昨自医疗，日加无损。人生有死，修短命矣，诚不足惜，但恨微志未展，不复奉教命耳。

方今曹公在北，疆场未静，刘备寄寓，有似养虎，天下之事，未知终始，此朝士旰食之秋，至尊垂虑之日也。鲁肃忠烈，临事不苟，可以代瑜。人之将死，其言也善，倘或可采，瑜死不朽矣。

（见《三国志·吴书·鲁肃传》注引《江表传》）

六、75字遗书：先虑未然，然后康乐

当今天下，方有事役，是瑜乃心夙夜所忧，愿至尊先虑未然，然后康乐。今既与曹操为敌，刘备近在公安，边境密迩，百姓未附，宜得良将以镇抚之。鲁肃智略足任，乞以代瑜。瑜陨踣之日，所怀尽矣。

（见《三国志·吴书·鲁肃传》）

附录 3:

周瑜是中国历史上少有的完美男人

湖北　耿　铮　　　湖南　李连芳

三国时期的周瑜，是杰出的政治家、军事家，忧国忧民，忠信智勇，气度恢宏，多才多艺，是完美男人。孙权感叹：周瑜文武筹略，顾其器量广大，万人之英。

忧国忧民典范

中华忧乐文化源远流长，忧国忧民之士层出不穷。但几乎为文人志士，而身为一代杰出军事家的周瑜却心忧天下，210年，他与娇妻小乔在巴丘生离死别时，留下75字遗书，只讲了两件国家大事，一是举荐鲁肃，孙权照办了，事实证明完全正确。二是担心孙权腐败，直言不讳提出，要"先虑未然，然后康乐"的先忧后乐诫示，此早岳阳楼记836年。此时，周瑜两男一女尚年幼，娇妻不过三十，老母何夫人也在巴丘，遗书只字未谈家事。此乃忧国忧民典范。

周瑜是杰出的政治家，且远在诸葛亮之上

一是劝孙权取江东，开创基业；二是取江东后，先取庐江，再取荆州、益州，而与北魏划江而治，再一统全国；三是赤战后，不同意借荆州给刘备。此议比诸葛亮的《隆中对》棋高一着。很久以来，《隆中对》还是纸上谈兵。鲁肃的"榻上策"不但早《隆中对》七年，且高于孔明，有学者说，孔明有剽窃之嫌。

周瑜是杰出的军事家，远非诸葛亮可比

他长期为孙吴军事统帅，表现杰出的统帅才华。至赤壁之战初，周瑜已打了至少 15 年仗，且百战百胜。此时，诸葛亮还在同刘备逃难呢，寸功未立，不知何为打仗。《三国志》说，打仗、谋略恰恰是孔明的短板。

周瑜指挥以少胜多的赤壁之战，充分显示其杰出的军事天才。击退曹仁的江陵之战又显示他杰出的军事才华和胆略。东吴开拓疆土一系列战争，如征黄祖，伐麻保二屯，定江东，均每战必克，显示他杰出的军事才华。

周瑜坦诚忠义，胆略过人

孙吴多次面对严重挑战，如孙策亡，19 岁的孙权即位，内外交困，是周瑜手握重兵，带头拥主，义胆忠心，维护孙家天下第一人。曹操要孙权送人质以示效忠曹，孙吴上下无人敢做主，是周瑜"何送质之有"义正词严挡了过去；赤壁之战前曹操气势汹汹，孙吴上下又是一片惊慌，是周瑜力显中流砥柱之力。

周瑜气量广大，重情、痴情之人

《三国演义》说周瑜是一心要杀孔明，却被孔明气死的小人，因此世人就都认为周瑜是气量狭小的小人。实际上，周瑜气量广大，心胸开阔。老将程普说，与公瑾交，如饮醇醪，不觉自醉。

曹操见周瑜是个杰出的军政人才、完美男人，曾出诡招想策反周瑜为己所用，周瑜一个个拆穿其诡计，策反人回告曹操说，周瑜非言辞所能间。

周瑜与小乔一见钟情，在聚少离多的 12 年中，夫妻总是抚琴唱和，依依话别，充分显示了周瑜是个重情、痴情之人。

周瑜是个文采非凡之人

周瑜留下的文字虽不多，却在重大历史事件中有其言辞，其文采却是非凡的。

如 202 年曹操要孙权送人质以示忠于曹。对此，张昭等一帮老臣们都拿不定主意，不敢决断，孙权只好请周瑜在其母前定议。周瑜一席话，说得权母心悦诚服，其中有话："……兼六郡之众，兵精粮多，将士用命，铸山为铜，煮海为盐，境内富饶，人不思乱，泛舟举帆，朝发夕到，士风劲勇，所向无敌……"何送质之有，一锤定音：不送。

又如曹操大军压境，孙吴上下一片惊慌，唯鲁肃，特别是周瑜，一席话说得大家鸦雀无语，说得孙权拔刀砍案曰："谁还言降，与此案同。"

周瑜多才多艺、精通音律

正史《三国志·周瑜传》记曰："瑜少精于音乐。虽三爵之后，其有阙误，瑜必知之，知之必顾，故时人谣曰：'曲有误，周郎顾。'"是说即便周瑜喝了三杯酒，身旁有人弹琴弹错了，他也知道，并当场指出。对此，唐代李端在其《听筝》中写道："鸣筝金粟柱，素手玉房前。欲得周郎顾，时时误拂弦。"是说年轻女子弹琴时，希望这位美男子多看她一眼，故意将琴弹错，好让周瑜多看自己一眼。

古今对周瑜的评价相当高

周瑜至高德才，正史《三国志》已有明确评价,《三国志》记载的 441 位（妃嫔外）人物，陈寿均做了简评，如曹操评"人杰"，孙氏兄弟评"英杰"，刘备才评"英雄"，均恰到好处。全书仅二人评"奇才"，周瑜居首。孔明为"良才"。足见周瑜德、才之高。

岳阳先人也极看重周瑜、鲁肃，历史上在岳为官和守将如过江之鲫，唯将周瑜入为"六贤祠"首和"名宦榜"先。(鲁肃居次)

附录4：

周瑜的九州八卦阵

亦说为九州八卦阵。东晋袁宏《东征赋》"尔乃出桑洛，会通川，背彭泽，面长泉"。桑洛就是桑落洲，通川就是古彭蠡演变后的湖泊，长泉就是长江。之所以出桑洛，而不是过桑落洲，说明周瑜主要的练兵场所是在桑落洲，这也符合当地的民间传说。

据说周瑜是在此地练兵才有赤壁宏图，当地至今还有一个地名叫赤壁湖和程营。程营据说是程普的大营。传说周瑜在桑落洲按照地形，修建了九州八卦阵，这也就是后来史书记载的八洲，九江。

唐朝的贾耽说江有八洲："曰沙，曰人，曰九江，曰葛，曰象，曰鸟，曰感，曰蚌。"东晋张须元《缘江图》云："一三里江，二五州江，三嘉靡江，四乌土江，五白蚌江，六白乌江，七口江，八沙提江，九廪江。参差随水短长，或百里，或五十里，始于鄂陵，终于江口，会于桑落洲。"

袁宏也记载了周瑜修建八卦阵的情形，"钻灵龟以相土，横鄿镐之制度，穷河洛之规矩……"到南北朝时的鲍照时只剩下五洲，《登大雷岸与妹书》"西南望庐山"，"西眺九派之分，东顾五洲之隔"，说的就是九洲剩下的五洲。洲上种植九棵柳树做标，到陶渊明时代，只剩下五棵柳树，故陶渊明号五柳先生。按照一定规则排列的桃树林做示，故称之为规林。这也就是后来的桃花源。

附录5:

周瑜九州八卦阵、程普大营和周瑜点将台

邓乾彬整理撰文

周瑜说:"我有个阵法,不过被人说过时了。"诸葛亮说:"不怕,我有个更过时的阵法,只要适合时宜就不过时。"这是电影《赤壁》中的两句台词。这说明周瑜和诸葛亮都是懂阵法的人,这在《三国志》中可以找到根据。很多人通常认为奇门遁甲是诸葛亮的专长,却不知周瑜更是精通奇门遁甲的高人,对于这一点需要牵涉到一段鲜为人知的历史。

说起赤壁之战,作为三国时以少胜多、以弱胜强的著名战役大家都非常熟悉,而周瑜也是一役成名。周瑜的各种军事才能在此役中彰显,但在赤壁之战之前周瑜的一些事情大家却知之甚少,赤壁之战之前周瑜就已经充分显露了他的军事才能和他在阵法上的才能。

《三国志·周瑜传》记:"建安十一年,周瑜督讨麻保二屯,还兵守备宫亭。"(宫亭:旧湖名,水域包括今江西鄱阳和雷水,即今湖北源湖感湖,安徽龙感湖、大官湖、龙湖等湖,今天官亭湖一般指江西境内的鄱阳湖)

从那时起,周瑜就在官亭湖之北桑洛洲(今安徽省安庆市宿松县汇口镇等地)上构建了三国鲜为人知的著名的军事营垒:九州八卦阵。

　　九州八卦阵为周瑜携大将程普所构建，出于当时的军事形势，九州八卦阵作为军方训练基地和后勤基地。因为在桑洛洲上南可扼长江和宫亭东北出口，北可控宫亭北雷水，另外桑洛洲又盛产鱼米，桑洛洲既是军事要塞又是后勤补给之地。

　　话说周瑜建九州八卦阵以九宫八卦阵为原型。九宫者：乾宫、坎宫、艮宫、震宫、中宫、巽宫、离宫、坤宫、兑宫也。其中，乾、坎、艮、震属四阳宫，巽、离、坤、兑属四阴宫，加上中宫共为九宫。周瑜在九州八卦阵中修建了九州代替九宫。九州借指扬州、荆州、豫州、青州、兖州、雍州、幽州、冀州、并州，由此可见周瑜当时之雄心。

　　是以设为奇门，并按八卦之形设卡，州与州间以桑洛洲纵横的水网相隔，形成卦形。周瑜在桑洛洲上种植九州作标，种植桃树作志。九州八卦阵之形之大实为有史以来最大的八卦阵，也是比诸葛亮的石林八卦阵早很多年的，此阵当时在桑洛洲上占了相当大的一片地域。

　　九州八卦阵中有除有九州外还有一湖，一池，一台。湖的名字叫曹湖，位于今安徽省安庆市宿松县汇口镇程营乡曹湖村，湖已基本消失。台的名字叫点将台，是周瑜和程普在此训师和检阅军队之所在，地点在今安徽省安庆市宿松县汇口镇程营乡归林村附近。池叫小池。目前具体方位难以确定。

　　中间一洲即九宫之中宫，也为程普营帐。其余为卫所。

　　另外还有一圩是陆逊之子陆抗修建，名叫陆圩，地点在今安徽省安庆市宿松县汇口镇程营乡陆圩村。桑洛洲周围芦苇遍布，水网交错，周瑜令程普屯兵于此，借助八卦阵，东吴军在长江中下游一带出则如虎狼之势，入则如无人之境，这可以说是中国运用在军事斗争中最早的奇门遁甲阵法。

九州八卦阵成型后，程普留守桑洛洲九州八卦阵，而周瑜自己则率部前往柴桑。江西省《星子县志》记："汉建安十四年，孙权曾命周瑜向鄱阳湖教习水军。"周瑜之所以让程普驻扎九州八卦阵，可见他对九州八卦阵的重视。

程普何许人也，三国东吴的五虎上将也，实乃三国时集忠臣贤臣虎臣于一身的人物。由程普驻军桑洛洲九州八卦阵可见其地理与军事功能的重要。在当地，后人为了纪念程普，把程普驻军的九州八卦阵所在地命名为程营，此名自古沿用至今，即今天的安徽省安庆市宿松县汇口镇程营乡。

在当地，曾耳闻一则野史。传说当年周瑜在桑洛洲九州八卦阵阅军，只见阅军台前旌旗招展，刀光戟影，水网里战船穿梭，壮烈激越，场面宏大，东吴军队的呐喊声把九州八卦阵中水网里的鱼都惊飞了起来，当时周瑜检阅军队的地方被当地百姓俗称为周瑜点将台，也称为程普大营。点将台大概方位在今天安徽省安庆市宿松县汇口镇程营乡归林村一带，但已无迹可循，唯有一些野史典故流传至今。

周瑜的九州八卦阵，对外非常保密，基本上除了当地的百姓可以进入外，都是不让闲杂人等进入的，进出极为严格。据当地的老人口口相传，后来周瑜火烧乌林的大部分燃料皆为桑洛洲上的茅草、芦苇草和谷物秸秆，因为这些都是现成的，在九州八卦阵中皆是早已预备好的，赤壁之战时也是用现成的。

桑洛洲自三国之后屡经战乱，周瑜的九州八卦阵也屡遭破坏，至东晋陶渊明至桑洛洲九州八卦阵时，八卦阵中九州仅余五柳，八卦阵形也遭毁坏。

东晋陶潜被九州八卦阵的残余阵形所深深吸引，并在九州八卦阵中当年周瑜阅兵的地方结庐隐居，陶潜在门楣上手书"归林"二字。表明他归隐的志向，以及对桑洛洲九州八卦阵的倾心。陶渊明居于此，因此也被称为五柳先生。五柳即周瑜九州八卦阵中留下的五柳。

桑洛洲，有着天然的芦苇荡，每每至芦苇花开放之时，风吹芦花轻轻飞扬的美景也足以令住在九州八卦阵中的陶潜怡然自醉吧。于是作诗："采菊东篱下，悠然见南山。"此中的东篱即为九州八卦阵中九州中之其中一州，南山即为今天江西省九江境内的庐山。今天站在汇口镇程营往南望去，仍悠然可见庐山。

九州八卦阵因为战火与长江洪水的侵袭，至元时已经基本消失。

元末明初，当时的朱元璋在江西鄱阳湖口大战陈友谅，鉴于桑洛洲战略要塞的重要性，朱元璋在桑洛洲建了两处大营，一处在长江三江口八里江（八里江，因当时长江宽约八里得名）江岸建桂家大营，位于今天安徽省安庆市宿松县汇口镇桂营村。另一处在周瑜九州八卦阵旧址之上建大营，即三国时程普大营所在地，位于今天安徽省安庆市宿松县汇口镇程营乡。

关于九州八卦阵，我没能找出更多的文献资料，这一点很是遗憾，这可能与当时东吴对九州八卦阵的保密有关，另外一个则是地理环境的巨大变迁造成的，以致后来没有什么记载。在九州八卦阵当地，八卦阵形早已销迹，所留下的仅仅是一些与当时事件有关的地名，供人们对三国时周瑜及程普的追忆与想象。

如果今天九州八卦阵还存在，人们不知要对周瑜有怎么样的赞赏。周瑜，不愧为三国风流儒雅的历史名将、军事家，周瑜不仅会带兵打仗，更善奇门遁甲。

第四章　岳阳，忧乐思想策源地

中华忧乐精神，源远流长。

中华忧乐精神至少可上溯至三四千年前的《易经》时代。《易经》以阴（- -）阳（—）两个符号的排列组合，记录和阐发恒变无穷又秩序井然的物质和精神世界，是中国特色认识和把握世界的最高科技成果。深含于《易经》中的忧乐精神，更表现在"忧患意识"，"作易者有忧患乎！""忧患意识"是一种民族精神，是一种内在的"忧乐精神"。

易经由于以"占卜"形式出现，被蒙上迷信色彩。

到孔子时代，孔子等人对《易经》进行全方位诠释，写出《易传》。《易传》头一句是"天行健，君子以自强不息。"写出了中华民族的阳刚雄健气质。孔子有著名的"君子忧道不忧贫"和"三乐三不乐"，丰富了中华忧乐精神。

孟子唱出时代强音："忧以天下，乐以天下""生于忧患死于安乐""君子有终身之忧"，将中华忧乐精神进一步推广。

中华忧乐精神，至少自2300多年前就在岳阳这块神奇土地上落地生根。

屈原"哀民生之多艰，虽九死而未悔"，三国名将周瑜英年早逝，留给世人最后一句话是"先虑未然，然后康乐"。北宋范仲淹提出"先天下之忧而忧，后天下之乐而乐"，可说水到渠成了。

源远流长的中华忧乐精神，在岳阳这座历史文化名城不断传承与发展着。

屈原"哀民生之多艰"

无论"端午"节的来历有多少，可隶属楚地的湖南岳阳人，自古以来，总认为每年农历五月初五日，是怀念爱国诗人——世界四大文化名人之一屈原的忌日，家家户户都很自然想到这位历史人物的种种传说和他伟大的忧乐精神。

这位曾官为"左徒"，而《楚辞·渔父》称"三闾大夫"的屈原，在我们岳阳曾居住近十年之久，创作了不少名篇，岳阳名副其实是他第二故乡，至今新墙、荣家湾等地有不少屈姓，相传乃屈原后人。

屈原是我国历史上的战国时期楚国人。这是一个动荡、痛苦而辉煌，残酷、邪恶而伟大的时代，历史就如此将这么多极端之物结合在一起。

此刻，秦、楚、齐、韩、赵、魏、燕、谓之战国七雄。

所以，一部战国史，基本上就是七雄争战史。

屈原出身楚国贵族，和楚王同姓，他所受到的教育，培养了他爱国之情和卓越才华，他"博闻强志，明于治乱，娴于辞令"。他大约 18 岁（公元前 322 年）在京城郢都（今湖北江陵）的政坛上出现。他杰出的才华很快就引起了怀王的注意。年仅 21 岁的屈原，登上了楚国统治阶级的最高层，出任左徒，是仅次于令尹的官，内政外交均管。在内与怀王直接商议国事，决定政策，发出号令；对外代表国家接待宾客，应对诸侯，全权处理外交事务，是国家重臣。

屈原在任左徒时做了两件大事：一是制订宪令；二是联齐抗秦，贯彻"合纵政策"。

楚怀王十一年，合纵成立，六国联合攻秦，楚怀王还任了纵约长。虽秦国一出战，六国便退兵，联军解体，没取得什么结果，但六国联盟还是给秦国带来了很大威胁。

在此情况下，屈原积极地将楚国兴亡之责担当起来，他要在君王前后奔走，引导他追上先贤脚步。屈原任左徒时很得怀王信任，齐楚联盟就是他亲手打造的。

屈原虽出身楚国贵族，又身居高位，但他对人民有深深的同情。在他的国家濒临灭亡，楚怀王听信谗言疏远他，不听他谏阻，客死于秦。屈原被一再流放，而满怀忠诚的屈原，即便过着颠沛流离的日子，他仍爱着他的国家和人民。现实的残酷，思想的痛苦，人生的失落，都融入了他的创作之中。

在《离骚》中屈原便吟出："长太息以掩涕兮，哀民生之多艰。""虽九死而未悔。"在《抽思》中喊出："愿摇起而横奔兮，览民尤以自镇。"看到人民的灾难而流泪的人，人民是为他流泪的。

屈原在政治上失意了二十几年，长期过着颠沛流离的生活，但他一直没有离开自己的国家。

他的爱国、爱人民，得到人民的深切同情，人们至今还在纪念他。

屈原的爱国爱人民的思想，植根于源远流长的"忧以天下，乐以天下"之中华忧乐精神。

周瑜"先虑未然，然后康乐"

屈原投江488年后，即210年，三国孙吴大都督周瑜临终前在岳阳喊出"先虑未然，然后康乐"。

周瑜夫妇在巴丘居住了12年，周瑜夫人小乔在此居住33年。两人先后葬于巴丘。巴丘也名副其实是他们第二故乡。

赤壁之战前一年（207年）二月，曹操就发布了一统天下向全国进军的丁酉令。次年1至6月就紧锣密鼓地训练水军，罢三公，自任丞相。自此，他以皇帝名义向全国发号施令的权威性和合法性更大了。七月，曹操就大举南征襄阳刘表，刘表死后，其子琮举众降，曹操又以五千轻骑一日一夜行三百多里，追得刘备一行到当阳长坂差点丢了性命。于是曹操旬日间兵不血刃取得了江陵荆州。很快曹操就要顺江东下巴丘，继而要取江夏。

孙吴上下一片惊慌，以大臣张昭为首一干人认为只有先降了再说，只因曹操实在太强大了。但鲁肃和周瑜挺身而出，鲁肃向孙权算清了要打的政治账，周瑜则向孙权算清了能打的军事账。鲁肃并冒死到襄阳长坂会见了刘备谈好了联合抗曹的打算，而周瑜则历数孙吴之长，曹操之短，长自己志气，灭他人威风，并当众立下军令状，只要给他精兵 3 万，保打败曹操。

果真，周瑜以一比五劣势兵力战胜了曹操。

赤壁之战大胜后，周瑜又向孙权提出西征伐蜀的请求，于是《三国志·周瑜传》有"权许之，瑜还江陵为行装，而道于巴丘病卒，时年三十六"的记载。

周瑜病困，上疏曰："当今天下，方有事役，是瑜乃心夙夜所忧，愿至尊先虑未然，然后康乐。今既与曹操为敌，刘备近在公安，边境密迩，百姓未附，宜得良将以镇抚之。鲁肃智略足任，乞以代瑜。瑜陨踣之日，所怀尽矣。"

周瑜在遗书中只谈了两件国家大事，一是担心孙权贪图安乐，不思进取，直言不讳提出要"先虑未然，然后康乐"的"先忧后乐"的劝诫。二是举荐鲁肃，对此孙权照办了。是时，周瑜两男一女尚年幼，娇妻年不过三十，老母何夫人也在岳阳，但其遗书只字未提家事，此高风亮节，日月可鉴。

李白 "节士悲秋泪如雨"

世事又如此出奇，周瑜之后，又一个 516 年后，"才矣奇矣"（白居易语）的"诗仙"，于 726 年至 761 年曾六下岳阳洞庭，并在此吟出奇诗 28 首（已知）之多，除唱岳阳山、水、楼外，就是抒发忧国忧民的情怀。

李白 25 岁就"仗剑去国，辞亲远游"。他首个目的地是潇湘洞庭，首站来到岳阳，就遇不幸，他的同游蜀地友人吴指南暴病身亡，李白"襌服恸哭，若丧天伦，炎日伏尸……"他简约料理后，继续东游。次年他二下洞庭，他背吴指南尸骨去鄂城安葬。

三下洞庭时他遇到了王昌龄，两个天涯沦落人，在此惺惺相惜。

李白曾受到唐玄宗"降辇步迎"的最高待遇。但他无法适应朝廷，被礼送出宫。至唐肃宗至德二年（757 年），李白因永王李璘事件牵连，流放夜郎（贵州桐梓）。十二月，从江西浔阳取水道踏上流放长途。次年夏到江夏。"夜郎万里道，西上令人老"，道不尽悲伤心绪。

李白在去夜郎途中遇大赦，心情一下变成"雁引愁心去，山衔好月来"。此次他在岳阳吟诗 23 首之多，滞留时间也最长。

到了乾元二年（759 年）政治局势反复，先是收复洛阳，肃宗、玄宗相继还归长安，形势有所好转。后洛阳再次陷落，时局再次发生变化，此刻，李白在岳阳十分关心国家安危，人民安乐。在岳阳作有《荆州贼平临洞庭言怀》《司马将军歌》及《临江王士歌》等，他唱出："修蛇横洞庭，吞象临江岛。积骨成巴陵，遗言闻楚老。""节士悲秋泪如雨。"但自己已风烛残年，想必冲上前去已难有作为了，可忧患之心仍跃然如斯。"安得倚天剑，跨海斩长鲸"。此刻，他虽入老年，仍有为国赴难之雄心。

杜甫"穷年忧黎元"

杜甫是一个"穷年忧黎元，叹息肠内热"的爱国诗人。他比李白小 11 岁，是李白的忠实粉丝。杜甫的抱负是"自谓颇挺出，立登要路津。致君尧舜上，再使风俗淳"。这和李白"奋其智能，愿为辅弼，使寰区大定，海县清人"的理想也完全一致，就是把自己的才能贡献给国家的愿望。

杜甫与李白相识于天宝三年四月（744 年）东都洛阳。此时李白已 44 岁，杜甫 33 岁。李白刚走出长安。"仰天大笑出门去，我辈岂是蓬蒿人"的喜悦与豪迈已经褪去，带着失意离开帝都。

李白与杜甫洛阳相见，然后各自飘零。

杜甫祖父杜审言，是唐初著名诗人。杜甫"七龄诗即壮，开口咏凤凰"。20 岁开始漫游各地。唐开元二十三年（735 年）参加进士试落第。天宝六年，到长安应征召，宰相李林甫说"野无遗贤"，一个也未录用。后杜甫献《三大礼赋》，任右卫率府胄曹参军，困居长安近 10 年，等待机遇。安史乱起，他逃出长安，麻鞋破衣见肃宗于凤翔，任左拾遗。因营救房琯，贬华州司功参军。不久，弃官寓居秦州同谷，后移居成都。

诗仙李白和诗圣杜甫先后来到岳阳。李白逝世 7 年后，杜甫来到岳阳，这是唐大历三年（768 年）暮冬，杜甫携家流寓岳阳。正值吐蕃族入侵，郭子仪将兵 5 万屯奉天，白元光、李抱玉各出兵击吐蕃，诗圣杜甫有感而发，写下《登岳阳楼》：

> 昔闻洞庭水，今上岳阳楼。
> 吴楚东南坼，乾坤日夜浮。
> 亲朋无一字，老病有孤舟。
> 戎马关山北，凭轩涕泗流。

长年战乱，漂泊无依，戚友亲朋，难通音信，老而且病，此时栖身在一叶孤舟之上。杜甫叹息自己的身世，更关心国家的命运。国家多难，戎马仓皇，北望关山，不觉倚在长廊的窗户旁兴叹，老泪纵横。

杜甫在大历四年（769 年）初春，离开岳阳溯湘江而上，至长沙（古称潭州）、衡山、耒阳，又自耒阳回棹，大历五年（770 年）冬天，死于潭州至岳阳的小船上，安葬于汨罗江畔的平江小田村。

历代诗评家对《登岳阳楼》这首诗评价很高。《后村诗话》云："岳阳楼赋咏多矣，须推此篇独步。"

"登亭怀老杜，观庭思无戎。"1962 年杜甫诞生 1250 周年时，诗人杜甫被列为世界四大名人之一。岳阳人民为纪念他，在岳阳楼侧修了一亭，将他的《登岳阳楼》诗刻石留碑，碑的阴面刻有《怀杜甫序》，亭北檐下高悬朱德委员长亲书的"怀甫亭"的匾额。亭正面两柱上，书法家吴文蜀撰书对联曰："舟系洞庭，世上疮痍空有泪；魂归洛水，人间改换已无诗。"

范仲淹"先天下之忧而忧，后天下之乐而乐"

杜甫仙逝 276 年后，"三上四下"的范仲淹在邓州任上作《岳阳楼记》，并提出"先天下之忧而忧，后天下之乐而乐"的名言，被毛泽东赞誉为："比吃苦在前，享受在后境界更高了。"

庆历三年（1043 年）夏天，在宋仁宗责令条陈政事之际，范仲淹当庭上呈《签手诏条陈十事疏》，借此提出了"明黜陟、抑侥幸、精贡举、择官长、均公田、厚农桑、修武备、减徭役、推恩信、重命令"等 10 项以整顿吏治为中心的改革主张。轰动一时的"庆历新政"，由此拉开了序幕。这年秋天，新政渐次向全国颁布推开。若无意外，次年春，将是新政推向全国之大好局面。

这是范仲淹历经半生仕途沉浮后，终掌中枢大权的一年，亦是为庆历新政唱响奏曲的一年。宰相是其视之如父的杜衍，范仲淹任参知政事（副相），任枢密副使的韩琦、富弼二人，都与他志趣相投，欧阳修、蔡襄、王素、余靖这4位谏官，亦皆是知己至交。天时、地利、人和一时俱全。故素有整顿吏治，加强武备，改善民生志向的范公抓住此天赐良机，出手此"十事疏"，应是天从人愿。

不幸的是，他的这个愿望之花还来不及盛开，就以一种凄然、壮美而又惶然的方式凋零了，甚或有些不堪之味在其中。

以夏竦为首的政敌们，利用诽谤和构陷手法，对范公及其政治盟友韩琦、富弼、杜衍、欧阳修等人，就政治大节和私德品行，报以种种恶意攻击和抹黑。特别以"结党"一事大做文章，这是致命的一击。欧阳修撰写了言辞激烈、文理并具的雄文上呈仁宗皇帝，题目就叫《朋党论》，提出了"君子党"一说。

欧阳修也好，范仲淹也好，并未摸清宋仁宗的"脉"。夏竦等人又出更险一招，使仁宗更加彻底厌弃范仲淹等人。

史载，夏竦令家中使女天天临摹太子中允（官名、负责太子的一些相关事宜）石介（人名）的笔迹，至可以假乱真时，便伪造了一封石介写给富弼的密信。其中有一段话是致命的，即劝说富弼效尹霍二人，行疫立之举。此伪密信一出，纵范公与富弼之忠心天地可鉴，文章如何了得，亦是跳进黄河中也洗不清。

至此，两人只得借边事再起，分别于庆历四年的八、九月，自请出京巡守了。

庆历五年正月二十八，范仲淹被罢去参知政事，后来邓州、富弼亦于同日罢去枢密副使。次日，杜衍被罢为尚书左丞，出知兖州。至此，夏竦还不罢休，又污欧阳修与名分上的外甥女张氏有私情，令欧百口莫辩，于庆历五年八月亦黯然离京。

随着范仲淹等人被一一逐出朝堂，庆历新政也随之夭亡。

"三上四下"的范仲淹，居庙堂之高则忧其民，处江湖之远则忧其君。范公的《岳阳楼记》写到此，向自己提出一个问题："然则何时而乐耶?"在此引出那个名句："先天下之忧而忧，后天下之乐而乐。"与孟子"忧以天下，乐以天下"是一脉相承的。是对历史悠久的中华民族忧乐精神的传承与发展。

范仲淹在《岳阳楼记》一开篇就用了"谪"字，点明他写《岳阳楼记》的心理背景是"谪官"心境。范公题目是写岳阳楼，全文几乎只字未写"楼"，只是借"楼"抒"情"，抒发了忧国忧民之情。

附录：

岳阳忧乐精神

刘燕林

中华忧乐情怀源远流长。忧乐情怀彰显以国家兴衰为重、以个人荣辱为轻的精神追求，凝聚成全民族共同的精神因子。北宋范仲淹著《岳阳楼记》，其中"先天下之忧而忧，后天下之乐而乐"成为中华忧乐情怀的凝练概括，而岳阳楼因之成为中华忧乐精神的图腾，忧乐精神融入岳阳人血脉，成为岳阳人共同的文化基因。

一、忧乐精神的历史溯源

忧乐思想最早源于 4000 多年前的尧舜禹时代。尧舜禹两帝禅让，大禹治水的故事，反映了先人先忧后乐的情怀。

一场超级大洪水淹没了庄稼，淹没了山陵，淹没了人民的房屋，人民流离失所。尧帝派鲧治水，鲧治水九年，无功而返。尧帝忧心忡忡，引咎"辞职"，禅让与舜。舜超用大禹治水。大禹"每日孜孜，日夜忧劳"，躬亲劳苦，与民一起栉风沐雨，治水 13 年，三过家门而不入。终于疏导了河流，农田变成了粮仓，民众又能筑室而居，过上幸福富足的生活。舜帝作《南风歌》云："南风之薰兮，可以解吾民之愠兮。南风之时兮，可以阜吾民之财兮。"12 年之后，舜帝禅位与禹。在禅让的大典上，天空出现了五彩斑斓的卿云。舜乃作《卿云歌》曰："卿云烂兮，糺缦缦兮。

186

日月光华，旦复旦兮。"

中国儒家的经典书籍四书五经记载了很多忧乐思想。

《论语》里仁篇："不患无位，患所以立；不患莫己知，求为可知也。"《论语》述而篇："德之不修，学之不讲，闻义不能徙，不善不能改，是吾忧也。"

《孟子》梁惠王："乐民之乐者，民亦乐其乐；忧民之忧者，民亦忧其忧。乐以天下，忧以天下，然而不王者，未之有也。"

《诗经》小雅小旻："战战兢兢，如临深渊，如履薄冰。"《诗经》节南山："忧心如惔，不敢戏谈。国既卒斩，何用不监。忧心如酲，谁秉国成。不自为政，卒劳百姓。"

《尚书》君牙："心之忧危，若蹈虎尾，涉于春冰。"《尚书》太甲："无轻民事，惟艰；无安厥位，惟危。慎终于始。"

《周易》系辞曰："君子安而不忘危，存而不忘亡，治而不忘乱。是以身安而国家可保也。"《周易》坤卦初爻曰："履霜，坚冰至。"此乃"如履薄冰"成语的由来，表达了"见微知著，防患于未然，心存敬畏、防微杜渐"的忧患意识。

战国时期的楚国大夫屈原在岳阳汨水江畔苦吟："哀民生之多艰，虽九死而未悔！吾不能变心而从俗兮，因将愁苦而终穷。"

《三国志》吴书鲁肃传有载：周瑜病危于岳阳。临终前上疏曰："当今天下，方有事役，是瑜乃心夙夜所忧，愿至尊先虑未然，然后康乐。"

安史之乱划破了唐朝的盛世繁华。李白在岳阳唱出他忧国忧民的心声：今兹讨鲸鲵……洞庭罗三军……酣歌激壮士，可以摧妖氛……安得倚天剑，跨海斩长鲸……瞻光惜颓发，阅水悲徂年。

诗圣杜甫流寓岳阳，作《登岳阳楼》："昔闻洞庭水，今上岳阳楼。吴楚东南坼，乾坤日夜浮。亲朋无一字，老病有孤舟。戎马关山北，凭轩涕泗流。"杜甫孤舟飘零，忧心的却是国家安危。

二、岳阳楼成为忧乐精神图腾式存在

时光的年轮转到了北宋。政治家、文学家滕子京谪守巴陵郡后，一年多时间，把巴陵郡治理得"政通人和，百废俱兴"。面对屹立于洞庭湖畔，沐沥八百年风霜的三国阅军楼，他认为有责任，有义务，把一个地方的历史风景名胜保护好，建设好，走发展性保护之路，造福子孙后代。于是重修岳阳楼。

重修岳阳楼，引出了范仲淹的千古名文《岳阳楼记》。岳阳楼记只有368字，允称字字珠玑，震古烁今。"先忧后乐"恰似画龙点睛，将岳阳楼所寓含的丰厚文化注入了魂魄，又为中华源远流长的忧乐精神找到了最佳的栖息地。岳阳楼从此纵横四海，名满天下。飞檐盔顶的岳阳楼，高只三层，阔盈斗室，却成了忧国忧民、观览天下风云的极顶。

忧乐精神的内核，在于忧患意识。"进亦忧，退亦忧""居安思危"的忧患意识是中华民族的集体潜意识。孟子云："入则无法家拂士，出则无敌国外患者，国恒亡。然后知生于忧患，而死于安乐也。"岳阳湘阴人郭嵩焘，晚清官员，湘军创建者之一，中国首位驻外使节。郭嵩焘身上有着强烈的家国之忧，他力主开眼看世界，主动学习西方现代文明。面对朝廷和同僚的重重阻力，他没有知音，没有同道，内心寂寞如沙，坚守着沉重的清醒。事实证明，郭嵩焘理性的忧患意识是明智之见和明智之举。

忧乐精神的内核，在于家国情怀。"居庙堂之高，则忧其民。处江湖之远，则忧其君。"封建社会的"君"，即是国。范仲淹的忧"君"，实质上是忧国。忧民忧君实质是忧民忧国的家国情怀。在封建时代，许多士大夫都把儒家的"穷则独善其身，达则兼济天下"作为自己人生的准则，似乎做到这一点就很了不起。而范仲淹却高出一筹，他在写《岳阳楼记》的时候，正是他身处江湖之远、被贬官在外的时候。尽管在失意中，他也没有采取独善其身的态度，却用"居庙堂之高则忧其民，处江湖之远则忧其君"这种古代圣贤忧国忧民的情怀与朋友共勉，还提出了"先天下之忧而忧，后天下之乐而乐"的政治抱负，这是何等胸襟和品质！

忧乐精神的内核，在于为民思想。忧乐精神之所以穿越千年仍能熠熠生辉，就是因为它折射着深厚的忧民、为民情怀。即为民办事、为民请命和为民除弊。孟子提出"民贵君轻"。封建社会一些进步的政治家也看到了这一点，强调"民为邦本"。唐太宗甚至提出，水可载舟，亦可覆舟。范仲淹传承了这一思想，他说，"政者为民而设，民者惟政是平。违之则事悖，顺之则教兴。"他认为，君要"爱民""养民"，就像调养自己的身体一样，要十分小心，要轻徭役、重农耕。特别是地方官员，如果压榨百姓，就是自毁邦本。一个政党，一个政权，其前途命运取决于人心向背。

忧乐精神的内核，在于担当品格。滕子京在任甘肃庆阳知州时，防御西夏取得了很大的成绩。因为他"负大才，为众忌嫉"，被人诬告，庆历四年，被贬为岳州知州。他不因迁谪而自怨自艾，而是继续勤于公务，为民兴利除弊。一是在岳阳楼前的湖下修筑了偃虹堤，以防御洞庭湖的洪魔；二是兴办教育，以造就人才；三是重修了岳阳楼。范仲淹为岳阳楼撰联："揽辔登车，一世澄清需满志；读书观政，万家忧乐尽关心。"反映了一种敢于担当的品格。

忧乐精神的内核，在于通达境界。"不以物喜，不以己悲"阐明了一种通达境界。物，指外部世界；己，指内心世界。就是说，不为利动，不为私惑，抛却个人利益，不患得患失。滕子京重修岳阳楼和范仲淹写《岳阳楼记》之时，正是他们被贬于江湖之远，但他们被贬不失志。滕子京为岳阳百姓办实事，深受人民爱戴。岳阳楼修好后，滕子京给同窗好友范仲淹写了一封《求记书》，他让岳阳的画匠绘制了一册《洞庭秋晚图》随求记书一并捎去。范仲淹寄字抒怀，与友共勉。"噫！微斯人，吾谁与归？"两人知己之交，患难之情不也是人间乐事？岳州名人、《岳阳日报》创始人李澄宇 1930 年题岳阳楼联："上下千年，好自为之，莫徒羡子美高吟、希文大志；天地万物，皆吾有也，更何论君山眼底、云梦胸中。"

三、岳阳忧乐精神的发展和影响

明末清初杨翔凤为岳阳楼撰写的对联"忧乐是岳阳楼套子；渔樵乃洞庭湖生涯"，以近乎白描的方式反映了岳阳楼忧乐精神的影响力。

明朝内阁大学士李东阳作《登岳阳新楼》诗："吴楚乾坤天下句，江湖廊庙古人情。"他的同窗好友杨一清也作《岳阳楼》诗："眼前忧乐谁无意；天下江山此最雄。"

王夫之，明末清初思想家。他乘船来到岳阳，在洞庭湖仰望岳阳楼，提笔抒情："湖水君山尽，巴丘战垒春。中流回碧草，极浦暗黄尘。日月争朝暮，渔樵有故新。天涯同一寄，未必故园亲。"忧患之情跃然纸上。

清初担任巴陵知县的陈玉垣，写了一首《岳阳楼》：一上高楼一爽神，千年胜概到今辰。气蒸波撼常如此，后乐先忧有几人？皓月当空聊举醉，扁舟随处可垂纶。半年匏系初心在，犹是天涯老病身。

清朝嘉庆年进士、巴陵知县陈大纲为岳阳楼所写对联："四面湖山归眼底，万家忧乐在心头。"

左宗棠，岳阳湘阴人，晚清重臣，军事家、政治家、湘军著名将领，洋务派代表人物之一。他在家乡柳庄潜心

研学时撰写的门联"身无半亩，心忧天下；读破万卷，神
交古人"，反映了他的高远志向。

前清进士岳州怪才吴獬先生，学富五车，其经纶影响
学子乃至后世。从毛泽东的著作中可见一斑。诸如"有则
改之，无则加勉，言者无罪，闻者足戒""人贵有自知之
明""天要下雨，娘要嫁人"等都出自于吴獬先生的《一法
通》。吴獬为岳阳楼题联："吕道士太无聊，八百里洞庭，
飞过去，飞过来，一个神仙谁在眼；范秀才亦多事，数十
年光景，什么先，什么后，万家忧乐独关心！"

湖南一师老师杨昌济《岳阳楼题壁》："大地龙争日，
江山虎斗时。苍凉万里感，浩荡百年思。日月自光耀，江
山孰主持？登楼一凭眺，此意竟谁知？"表现了百年前知识
分子胸怀天下、忧心国事之情。

1918 年夏，在湖南一师求学的毛泽东利用暑假和同学
结伴环游洞庭湖。他登岳阳楼，在岳阳楼雕屏前吟诵范记，
勾勒张书。30 多年后，在延安毛泽东与岳阳湘阴籍的左漠
野同志谈起当年在岳阳楼上读《岳阳楼记》时，特别赞赏
"先天下之忧而忧，后天下之乐而乐"那两句，认为"先忧
后乐"的思想，较之"吃苦在前，享受在后"的提法，境
界更高了。

岳阳儿女得天独厚生活在洞庭湖畔岳阳楼下，忧乐精
神如同雨露，滋润我们的心田；如同血液，在我们的血脉
中流淌。忧乐精神代代相传，铸成了岳阳儿女的血脉基因。

家住洞庭湖畔的魏曦，医学微生物学家，中华人民共和国首批院士，为我国生物制品事业的创建与发展做出了杰出贡献。1981年他回岳阳讲学期间来到梦牵魂绕的岳阳楼。望着北去的洞庭湖水，魏曦先生感慨万千："我脑海里挥之不去的，有湖岸断粮的饥民、无助的百姓和面黄肌瘦肚大如鼓缺医的乡亲。抱着该为乡亲们做点什么之心，所以我就选择了一生矢志不渝学医。"

岳阳官宦世家彭氏大家族走出了中华人民共和国四位女部长：罗叔章、陶桓馥、李沐英、彭援华。她们抛却衣食无忧的生活，走向为民众谋福利的求索之路，成为岳阳早期革命创始人、我国现代妇女运动的先驱、中国革命和建设的杰出人物。

普通百姓刘树生给后人留有一首《三醉亭》，亦表达了浑然天成的忧乐情怀："飞过重湖啥事无，一杯终日醉模糊。读书不问民忧乐，纵是神仙愧丈夫。"

历经千年沉淀，以"先天下之忧而忧，后天下之乐而乐"为标杆的忧乐精神，在历史的长河中构筑起永恒的道德坐标、价值高地，成为湖湘文化和中华传统文化的重要组成部分，召唤着一代又一代先进分子为国请命、为民担当，为中华民族的生存、发展和强大而追求、而奋斗。

进入新时代，我们党执政所处的环境相当复杂，面临的考验极为严峻，忧乐精神仍然是激励我们在逆境中奋起拼搏、在顺境中冷静求为的精神动力。

我们是幸运的，在实现中国梦的征途，我们一定要增强忧乐精神，随时准备应对各种风险和挑战，做到居安思危、知危图安，先忧后乐，共同谱写忧乐精神新篇章。

[刘燕林，湖南师范大学毕业，岳阳市政协文史委员会特聘研究员。著有《城南印记》《湖滨大学》（合著）。]

后 记

  《岳阳，从三国走来》，终于完稿成书了。其间读史千册，行程万里，十易其稿，两代人接力，前后历时 11 年。

  岳阳市由三国时期的巴丘城衍生而来。1994 年被国务院列为第三批国家级历史文化名城。岳阳，古称巴丘，三国时期是三国交战的焦点。曹操、孙权、刘备三方人马均在巴丘留下深深的履痕。

  岳阳人对三国的历史记忆，基本上停留在"岳阳楼的前身是阅军楼"以及三个墓：鲁肃墓、小乔墓、周瑜墓。至于与三国有关的地名，如小乔坳、磨刀村、斗篷山、陆城、黄盖湖等，在市民心里就像长在皮肤上的痣，与生俱来反而不加留心。

  2010 年 7 月，一个外国专家团队来岳阳考察。作为岳阳气象专家李连芳先生参加了这次中外专家交流活动。一个澳大利亚专家饭后茶余问，巴丘城在哪里？在场的岳阳专家都是研究自然科学的，没有一个人现场接得上话。李连芳心有不甘，本地人怎能不了解本地的历史？哪能让外国人问倒了！于是，75岁高龄的李连芳老先生便一头扎进研究三国史、巴丘城的浩瀚史海里。他不会互联网不会微信，难度可想而知。

本地老百姓对本土三国史尚且如此疏忽，外人更是忽略。笔者有本2006年9月出版的《三国探秘之旅》保存至今。这是由"中国探索地理"推出的人文探索特刊珍藏版。专版的前言说："看三国书，不如行三国路，这是一本具有自助旅游信息的工具书。"章节有湖北、江西、江苏、浙江、四川、重庆、云南、河南、河北、陕西、甘肃、山东、安徽。居然没有湖南！居然没有岳阳！

岳阳，是三国时期曹操、孙权、刘备三方势力交叉地带、胶着点，交战锋面；世界闻名的岳阳楼，它的前身是三国时期的阅军楼，岳阳的三国文化居然没有被列入本书。仅仅在其中一章其中一节，提到了岳阳人李春阳关于华容道在岳阳的发声。太不公平了！太小看岳阳了！笔者耿耿于怀，作为岳阳人，生活在三国历史风云际会的热土上，自小耳濡祖辈口口相传的三国历史故事。自己可以不留心，但别人不能忽略不计。笔者把这本书收藏在身。希望有朝一日，《中国探索地理》来一个岳阳三国历史地理的专版。于是工作之余，默默收集岳阳三国历史史料。

岁月如歌。笔者沉浸在巴丘三国文化的研究中，越发感到中华忧乐思想的源远流长和博大精深。这些感受，在头脑里盘旋，在口头上宣讲，或者通过零星文稿在报刊上发表。如今，在后辈的鼓励和两代人接力下，终于结集成书呈现在世人面前。

《岳阳，从三国走来》以坚实的史料为基础，以实地考察为补充，收罗岳阳三国时期的地理地标；整理三国时期与岳阳相关的重要历史人物、历史事件；对赤壁之战、曹操败走华容道等历史事件有全新解读；对周瑜因《三国演义》而被贴上"器量小"负面标签予以平反。本书填补了岳阳城市历史文化空白，破解了诸多赤壁未解之谜。

历史文化是城市的灵魂。忧乐精神是岳阳人文的鲜明特征，是湖湘文化的重要基石，是中华文化的思想瑰宝。忧乐精神源远流长，见于范仲淹的《岳阳楼记》，其实更早见于三国东吴大将周瑜在岳阳的临终遗言："先虑未然，然后康乐。"挖掘岳阳忧乐精神之源，挖掘岳阳三国文旅资源，这是笔者奋力著此书的动力。

感谢《岳阳日报》总编冯元满先生、《岳阳日报》特稿部主任丘脊梁先生鼎力相助。十年来，除新闻报道外，还从多方面予以具体支持。感谢岳阳市原档案局局长、现市社科联党组书记、主席任欣欣全力帮助。感谢岳阳市文旅广电局姚正国副局长审稿。感谢周瑜第 61 代孙周乐凯先生及彭庆湖、丁水生、林志成加油鼓劲、陪同考察。已故的李鸿均、刘大特先生，虽然你们走了，但你们陪同考察的身影永驻心间。

看三国，品三国，来岳阳走一遭吧！

主要参考文献

[1]陈寿.三国志[M].崇文书局,2010.4,14~637.

[2]汤浩方.三国是怎样炼成的[M].广西师范大学出版社,2013.10,161~226.

[3]吕思勉.三国史话[M].中华书局,2009.10,58~64.

[4]罗肇前.三国征战史[M].岳麓书社,2008.6,202~221.

[5]陈瓷.三国那些人那些事[M].江西人民出版社,2014.1,242~247.

[6]方晓.品三国[M].中国友谊出版社,2018.9,101~109.